Oscar varia

ALESSANDRO DATTILO

SCRITTURA VINCENTE

Come scrivere con efficacia e incisività
per comunicare, presentare e vendere

OSCAR MONDADORI

I edizione Oscar varia ottobre 2014

ISBN 978-88-04-64570-2

Questo volume è stato stampato
presso ELCOGRAF S.p.A.
Stabilimento - Cles (TN)
Stampato in Italia. Printed in Italy

www.librimondadori.it

Indice

Vi presento il libro
di Roberto Re

Da qualche tempo viviamo nell'era della comunicazione, dove ancor più di «cosa» si propone, sia esso un prodotto, un servizio, un'idea o noi stessi, conta il «come» lo si propone. L'avvento di Internet ha ovviamente fatto crescere il fenomeno in modo esponenziale, e proprio grazie a questo straordinario strumento, la comunicazione scritta è diventata e sta diventando sempre più cruciale.

E se oggi è più frequente trovare sul mercato libri o corsi che insegnino a comunicare meglio, rarissime sono le possibilità di imparare specificatamente come rendere più efficace la propria comunicazione scritta.

Scrittura vincente permette di farlo. In questo testo facile, pragmatico e accattivante, Alessandro Dattilo, grazie alla sua pluridecennale esperienza come redattore di testate cartacee e online, insegna ai suoi lettori a usare la parola scritta per raggiungere più facilmente i propri obiettivi in campo aziendale, commerciale, professionale, spaziando dal come presentare al come vendere, al come narrare, dallo scrivere per la carta stampata allo scrivere sul Web o sui social network.

Insomma, una guida davvero utile, istruttiva e pratica che vi permetterà di rendere la vostra scrittura più elegante, efficace e diretta all'obiettivo.

Inoltre, sul sito www.libridaleader.it avrete la possibilità di entrare maggiormente in contatto con l'autore grazie alle numerose risorse gratuite messe a disposizione, sia scritte sia audio e video, e che continueranno a essere sempre aggiornate nel tempo, con nuovi esempi e modelli di scrittura, visto il continuo evolversi di una materia così attuale.

Vi consiglio quindi di scaricare subito le risorse a vostra disposizione per integrare passo passo la lettura di questo manuale con i consigli «live» di Alessandro Dattilo che potrete consultare parallelamente sul vostro smartphone o tablet.

Insomma, un libro da leggere, da vivere, da assimilare e da trasformare in risultati concreti.

Buona lettura e... buona scrittura!

Sul sito www.libridaleader.it
puoi scaricare le risorse gratuite
riservate ai lettori di questo libro!

Scrittura vincente

Introduzione

Scrivere in maniera efficace, semplice e diretta dà al mondo l'idea di quanto i nostri pensieri siano chiari e affidabili. Più che mai oggi, dove con l'avvento di Internet la scrittura è tornata al centro della nostra quotidianità professionale. Molto più di quello che pensiamo!

Ogni giorno dobbiamo fare i conti con decine di email, presentazioni, offerte commerciali, newsletter e comunicati stampa. Per non parlare dei curricula, delle slide, delle brochure. Dall'imprenditore al politico, dall'impiegato all'assistente di direzione, dal manager al libero professionista, dallo studente al disoccupato in cerca di lavoro, tutti scriviamo con il proposito di farci leggere. Con l'ansia di sapere se – dall'altra parte – il destinatario abbia aperto la nostra email (slide, progetto) e vi abbia dedicato più di trenta secondi della sua attenzione.

Scriviamo per informare, per dare notizie sulla nostra impresa e sulle nostre attività. Scriviamo per farci conoscere, per presentare un'idea, promuovere un progetto, un prodotto commerciale, un servizio innovativo. Scriviamo per trovare lavoro e perché la nostra presenza in Rete sia sempre aggiornata (blog, profili social, sito corporate). Scriviamo per coordinare la nostra squadra di lavoro, per motivare i colleghi, per chiedere un aumento al capo o un permesso al responsabile del personale. Scriviamo via WhatsApp, Facebook, Twitter, SMS. Scriviamo, scriviamo, scriviamo. Ma alla fine – chiediamoci – resta il tempo per farsi qualche domanda? Del genere «Qual è l'obiettivo di ciò che sto scrivendo?» oppure «Chi è il mio destinatario e che genere di problemi vorrebbe risolvere leggendo la mia email?».

In *questo* libro mi rivolgerò direttamente a te, lettore. Ti racconterò la mia esperienza di giornalista e comunicatore come se ti avessi seduto di fronte, senza alcuna pretesa di istruirti sull'uso della lingua italiana. Quello che hai tra le mani, infatti, non è un manuale sulla scrittura intesa come sintassi, grammatica, ortografia e punteggiatura. È invece una testimonianza di un professionista innamorato di questo lavoro, che nell'arco di trent'anni ha ampliato le sue conoscenze, dai mass media alla comunicazione d'impresa. Facendo i conti (anche duramente) con l'innovazione digitale.

In base al noto aforisma di Beppe Severgnini «Quello che scrivete, e come lo scrivete, può cambiare la vostra vita», ho prima aperto un blog sulla Scrittura vincente per condividere in Rete analisi di testi scritti e trucchi del mestiere (era il 2010!). Poi, di recente, ho riordinato su carta le esperienze più importanti, organizzandole in un vero e proprio metodo, che è il nocciolo della mia professione di *storyteller* d'impresa, coach e formatore.

In questo breve saggio troverai dunque una chiave innovativa per sfruttare al meglio la tua scrittura e promuovere con successo te stesso e la tua attività. Moltissimi piccoli e medi imprenditori, professionisti, strutture scolastiche, enti pubblici e realtà turistiche già utilizzano la Scrittura vincente per presentarsi, raccontarsi, comunicare con i clienti. Valorizzando i punti di forza e narrando la propria storia in maniera più efficace e persuasiva.

I
Chi scrive chiaro, sa scrivere

«Ci si mette a scrivere di lena, ma c'è un'ora in cui la penna non gratta che polveroso inchiostro, e non vi scorre più una goccia di vita.»

Italo Calvino

Se hai un blog o un sito aziendale, se per la tua professione devi scrivere ogni giorno grandi quantità di progetti, presentazioni, email, lettere di vendita, avrai senz'altro capito quanto la buona scrittura sia indice di serietà e fiducia.

Oggi, al posto del biglietto da visita (rettangolino di cartone che un tempo si porgeva con mossa studiata a clienti, fornitori, amici e parenti), è il nostro modo di comunicare e scrivere in Rete a rappresentare il primo impatto con il prossimo. È dalle tracce digitali lasciate che datori di lavoro, colleghi, avversari politici e amici giudicheranno il nostro stile di comunicazione, la nostra capacità di essere precisi. In sintesi: la nostra affidabilità. Triste dirlo, ma è quasi sempre così.

Ecco allora evidente l'utilità (e il piacere) di dedicare un po' di tempo non solo a studiare le lingue straniere – fondamentali – ma anche a masticare qualche regoletta di base necessaria a rendere efficace l'espressività della *nostra* lingua scritta! Il risultato non è poi così male: ci si caratterizza in modo unico e riconoscibile; si crea un'immagine che riflette la nostra missione e il nostro stile; si condivide valore.

Iniziamo a fissare qualche dato oggettivo:

- Scrivere con efficacia e passione rappresenta oggi il 70 per cento della tua potenzialità di marketing. È uno strumento potente per emergere e trasmettere la qualità e la tipologia dei servizi che offri e dei prodotti che proponi.

- Saper produrre contenuti originali e scritti con chiarezza è fondamentale per essere conosciuto dal tuo pubblico e trovato dai potenziali clienti. Sarà il grado di diffusione dei contenuti stessi a indicizzare in maniera positiva il tuo sito, il tuo blog, i tuoi profili social.
- Le tue tracce sul Web determinano la percezione che gli altri si faranno del tuo brand personale e aziendale. Non lasciare questa attività al caso.
- Piccoli e medi imprenditori, professionisti, commercianti, artigiani *sottostimano la comunicazione scritta* o la utilizzano in termini riduttivi. Di fatto, non la sfruttano in sinergia con le potenzialità del proprio business.
- La scrittura professionale, efficace e persuasiva, è una disciplina in grado di creare valore *a costi decisamente ridotti* rispetto ad altri asset comunicativi.

Per esperienza ho verificato che l'impatto e l'efficacia della tua comunicazione sono determinati da quanto sei in grado di utilizzare in maniera coerente e complementare i diversi media e dai messaggi che riesci a trasmettere. Se c'è sintonia tra i valori che caratterizzano il tuo profilo e quello che concretamente offri (e condividi attraverso il tuo operato e la tua creatività), inevitabilmente la fiducia nei tuoi confronti aumenta, così come la visibilità e la rete di potenziali clienti.

La scrittura è al centro dell'era digitale

Guardo i quaderni delle mie figlie (università, liceo, scuole medie) e mi chiedo, fissando un punto a caso sul soffitto: «Perché nessun insegnante, specialmente alle superiori, si è mai preso la responsabilità di spiegarci come scrivere in maniera efficace? Come preparare una presentazione, un testo per un sito web, un'email chiara e convincente, un semplice articolo?».

Eppure la scrittura professionale è oggi più che mai al centro della nostra quotidianità, della nostra vita lavorativa. Non pochi imprenditori, professionisti e commercianti hanno ottenuto ottimi risultati in materia di «incremento vendite» e «nuovi clienti» grazie a una comunicazione scritta più efficace e persuasiva. Senza per forza ricorrere a costose pubblicità o a complesse strategie commerciali. Chiedete ai responsabili marketing di Groupon quanto sia redditizio l'accoppiamento tra effettive proposte di sconto e persuasività degli annunci che le promuovono. Date un'occhiata a quanto siano raffinati i testi di un catalogo Ikea o le slide di una presentazione di un prodotto Apple.

Per questo trovo penalizzante il fatto che nelle scuole di un Paese industrializzato come l'Italia non vengano insegnate materie come Scrittura professionale, Comunicazione e Imprenditorialità. Una grave carenza che si ripercuote sull'Italia delle PMI, così come sui protagonisti del già tormentato mercato del lavoro, sempre più orientato verso una logica «da dipendente a intraprendente».

Oggi la vera sfida è duplice: inventarsi un impiego e saperlo comunicare per farsi conoscere.

Le parole restano il nostro mezzo più potente. Grazie a loro, un formatore trasmette competenze agli allievi, gli oratori regalano emozioni al pubblico. E sempre tramite le parole tu potrai vendere prodotti, servizi, idee. Meglio le utilizzerai, più farai la differenza nella tua attività. E maggiori saranno i risultati.

I vantaggi del saper scrivere «professionale»

Saper scrivere in maniera efficace ti consente di raggiungere una serie di obiettivi decisamente vantaggiosi, non solo per il tuo business:

- trovare le parole giuste per promuovere la tua impresa;
- rieditare testi professionali che non funzionano;
- saper comunicare un progetto, un servizio, se stessi in modo chiaro, efficace, persuasivo, finalizzato a un obiettivo;
- essere identificati dai clienti e dal proprio pubblico di riferimento;

- essere riconoscibili e unici grazie a un proprio stile comunicativo (personal brand);
- saper raccontare la storia di un'azienda e di un'organizzazione con ritmo giornalistico, semplificato e non burocratico;
- essere compresi all'interno della propria struttura lavorativa;
- tracciare linee guida per condividere linguaggi e standard editoriali;
- trasmettere emozioni.

Per arrivare a padroneggiare la tua scrittura professionale non c'è bisogno che tu sia giornalista o copywriter di lunga data. Sono sufficienti, a mio avviso, tre buone abitudini:

1. leggere tanto e di tutto (e non solo su tablet e smartphone!).
2. prendere la giusta confidenza con gli elementi base dei classici format di comunicazione d'impresa (email, presentazioni, lettere di vendita, comunicati, brochure).
3. fare pratica con Web e social network.

Fattibile? Direi proprio di sì. E comunque, fisicamente, sempre meno faticoso che sollevare bilancieri.

I 6 pilastri della tua Scrittura vincente

Parentesi personale. Nel tempo – svolgo il mestiere di giornalista dal 1986, da quando cioè avevo 21 anni – ho capito che la scrittura professionale ha bisogno di essere contaminata. Dopo aver scritto per quasi quindici anni per i cosiddetti «media tradizionali» (quotidiani, periodici, agenzie di stampa, radio e tv locali), all'inizio degli anni Duemila ho cominciato a cimentarmi con la scrittura sul Web e la relativa comunicazione d'impresa. I miei testi non venivano più solo partoriti con il proposito di informare. Ciò che scrivevo serviva anche a raccontare la storia dei brand. A convincere, persuadere, divertire. Di fatto, la mia base giornalistica cominciava a evolvere e alterarsi (in senso costruttivo).

Ecco scattare la domanda. Alla luce di questa *contaminazione editoriale*, quali caratteristiche, negli anni, hanno reso efficace e flessibile la mia scrittura professionale e quella di tanti validi colleghi? Quali trucchi del mestiere andiamo a pescare con più frequenza nella nostra personale «valigia degli attrezzi»?

Ne parleremo nei prossimi capitoli. Partiamo intanto da quelli che considero i principali pilastri per aiutare la tua scrittura a diventare «vincente».

Scrittura efficace

È la scrittura professionale di base, valida per qualsiasi testo aziendale. L'autore prima definisce un obiettivo di comunicazione. Poi analizza il destinatario e pensa al modo più efficace per raggiungerlo. Per completare l'opera, decide quale tono, stile e livello di formalità utilizzare.

Scrittura giornalistica

Si basa sulla tecnica delle cosiddette 5 «W» di stampo anglosassone (*Who, What, When, Where, Why*). Si parte dall'alto con la notizia più importante, esposta in poche parole e con informazioni che rispondano alle cinque domande: chi, cosa, quando, dove e perché. Poi si approfondisce il come, con periodi più ampi e articolati, dichiarazioni e dettagli anche di secondo piano.

Scrittura persuasiva

Nelle agenzie di pubblicità (ma per chiunque si occupi di comunicazione), il copywriter usa la lingua scritta per raggiungere obiettivi commerciali. È quindi indispensabile unire ottime capacità di scrittura con buone competenze di marketing. Spruzzare infine con una giusta dose di creatività, utile ad affrontare argomenti sempre diversi.

Oltre a questi pilastri principali, il provetto *business writer* ne padroneggia almeno altri tre, altrettanto utili da considerare. Si tratta più che altro di caratteristiche trasversali, che possono comparire e distribuirsi in maniera eterogenea nel tuo testo. Forse non così fondamentali, ma ugualmente importanti per crescere professionalmente e differenziarsi nel panorama dei comunicatori.

Scrittura narrativa

Leggere romanzi fa benissimo allo scrittore professionale. È lì che si acquisisce la familiarità con il ritmo, le diverse voci narranti, la capacità di usare parole appropriate che facciano emozionare il lettore. La struttura narrativa è poi fondamentale per utilizzare lo *storytelling,* uno strumento antico ma oggi ampiamente recuperato nella comunicazione d'impresa. Approfondiremo il discorso sullo storytelling nel corso del libro.

Scrittura motivante

Tra le competenze che abbiamo maturato c'è anche quella che riguarda la figura del coach. Di una persona cioè che non svolge solo la funzione di consulente, ma anche quella di motivatore che aiuta a raggiungere un obiettivo. Nel mio caso, un obiettivo di comunicazione. Quando penso alla scrittura motivante mi immagino un testo vivo, ricco di energia, che sappia essere diretto e sia in grado di smuovere le coscienze un po' sopite. È uno scrivere con il cuore, organo che stranamente viene ignorato dai comunicatori razionali «tutti d'un pezzo».

Scrittura umoristica

Una scrittura che si prende troppo sul serio spesso non arriva a «bucare» l'attenzione del lettore. Conosci Beppe Severgnini o Massimo Gramellini? Due grandi giornalisti che trattano argomenti serissimi e importanti, ma riescono a farlo affidandosi a uno stile a tratti leggero, che non risparmia l'ironia. Un esempio di testo efficace, che riesce a strappare una risata? Leggi cosa scrivevo una decina d'anni fa, tratteggiando il profilo biografico di una mia collega di agenzia:

> Silvia è una giornalista da trincea, che si è fatta le ossa (e i muscoli) sgomitando nel mondo delle agenzie di stampa. Chiunque è intervistabile, specie se le domande vengono poste con quella voce vel-lu-ta-ta...

Anche di questo faremo altri esempi più avanti.

Istruzioni per l'uso

Nei prossimi capitoli parleremo di che cos'è la «scrittura efficace» e del perché sta alla base di qualunque testo professionale. Faremo un focus specifico sullo strumento più utilizzato da chiunque di noi: l'email. Affronteremo i fondamentali della scrittura giornalistica, per passare poi alla sua versione web, così centrale nella comunicazione di un'impresa.

Non poteva mancare una carrellata sui principali canali attraverso cui comunicare in Rete: vedremo come scrivere sul tuo blog, su Facebook, su Twitter, su Instagram. E come organizzare la comunicazione di un evento attraverso la gestione di un ufficio stampa 2.0, strumento decisamente potente per la promozione del tuo business.

Una parte tra le più approfondite è frutto delle mie ricerche ed esperienze in materia di scrittura persuasiva. Promuovere, vendere, comunicare efficacemente analizzando i format specifici per il content marketing, come le presentazioni, le *landing page*, i *white paper* e i preventivi.

Nel mezzo, disseminati qua e là, troverai esercizi da fare (subito!), case history e fonti utili per l'approfondimento. Ti consiglio di fissare bene i passi principali del metodo Scrittura vincente: seguendone il piano d'azione, sarai in grado di iniziare a muoverti in autonomia già dopo le prime settimane.

Un programma piuttosto ricco, che ne dici?

Prima parte
PASSIONE E CONTENUTI

II
Folgorato sulla via di Claviere

«Da quando ho cominciato a pensare,
ho pensato che sarei stato un giornalista.
Non è stata una scelta. Non ho deciso nulla.
Il giornalismo ha deciso per me.»

Indro Montanelli

Quella mattina del 30 ottobre 1986 era uscita la notizia che Claviere, paesino di montagna al confine con la Francia, risultava essere saldamente in testa alla classifica dei comuni più ricchi d'Italia. Secondo una ricerca nazionale condotta dall'Università La Sapienza per conto dell'allora Banco di Santo Spirito, il reddito medio pro capite degli abitanti di quel piccolo centro in provincia di Torino superava i ventuno milioni di lire annui.

Si trattava di una notizia da cronaca economica, al limite un approfondimento per le pagine delle edizioni regionali. Inspiegabilmente, però, qualcuno dei caporedattori del «Corriere dello Sport», giornale per cui avevo iniziato a collaborare da poco più di due mesi, si era messo in testa che andava fatto un duplice servizio. Un inviato era stato mandato a Santomenna, in provincia di Salerno, comune «povero» finito in fondo alla classifica (1 milione e 400mila lire l'anno!). Un altro giornalista veniva spedito a Claviere, confine occidentale della Penisola, dove le strade cominciavano a essere imbiancate per la neve. «Dattilo, hai la macchina?» chiese il caposervizio della redazione di Torino. Fu così che mi ritrovai a seguire il primo vero reportage da inviato.

E fu un successo totalmente inaspettato! Intervistai il sindaco intercettato al bar mentre sorbiva il suo caffè corretto, alcuni titolari di impianti sciistici, commercianti anch'essi stupiti da tanta popolarità. Rientrai nel pomeriggio e scrissi tutto al volo, come un indemoniato. Un articolo piuttosto lungo e pieno di notizie inedite. Che mi valse «la prima firma per esteso» su un quotidiano nazionale. Grande momento! Un'ebbrezza che aveva reso legittima la salita. Un'identità che stava prendendo vita al ritmo di una rotativa.

Era biondo e capellone?

La scrittura è energia. Una bella energia. In alcuni casi, piuttosto intensa. A distanza di secoli, riusciamo a commuoverci per i versi di un poeta latino o per la prosa lucida di uno scrittore del Settecento. A me, personalmente, emoziona leggere i giornali di epoche remote, le cronache di guerra, i reportage da luoghi lontani dalle nostre città e dai nostri pensieri.

La scrittura trasmette sensazioni. Affascinanti per chi legge, ma anche molto acute per chi scrive. Scrivere bene, infatti, è una soddisfazione che non si ferma sui banchi di scuola, ma prosegue nelle università, nelle aziende, un po' in tutti i mestieri. Oggi, poi, con l'avvento della comunicazione digitale, la scrittura pervade la nostra vita quotidiana. Nel bene e nel male.

Se stai leggendo queste pagine, è probabile che anche tu abbia provato la soddisfazione di scrivere qualcosa che ha smosso delle emozioni, che è arrivato dritto al cuore di chi ha letto quelle righe.

Non parlo di quei fortunati capaci di scrivere belle canzoni o grandi poesie. Penso anche a un semplice bigliettino d'auguri, o una più romantica lettera alla fidanzata. In ogni caso, scrivere riuscendo a trasferire su carta le proprie emozioni – e il proprio pensiero (quando è lucido) – è sempre un'esperienza che ti resta dentro.

Credo di averlo intuito fin da ragazzino, quando avevo preso l'abitudine di leggere il giornale che mio padre portava a casa all'ora di pranzo. A quei tempi si usciva da scuola non oltre le dodici e mezzo, si mangiava tutti insieme e la lettura non era, come oggi, sostituita da uno sguardo alla televisione. Chi lavorava aveva persino il tempo di farsi un riposino prima di rientrare in ufficio. Secoli fa.

Appoggiato sul tavolo del tinello (ormai un pezzo da museo del design) sfogliavo le pagine della «Stampa» – a volte anche quelle di «Tuttosport» – e sognavo. Galoppavo con l'immaginazione. Non ero poi così interessato agli argomenti. Oggi si direbbe «ai contenuti». Mi facevo dei film sul dietro le quinte di quel magico foglio pieno di storie. Ricco di mondo e di vitalità.

Che faccia poteva mai avere il giornalista autore di quell'articolo? Era biondo e capellone, altissimo e magro? Aveva la barba (allora molti intellettuali se la facevano crescere) e fumava nervosamente? Teneva la penna nel taschino della giacca o magari nascosta nell'agenda a mo' di segnalibro? E, soprattutto, come era riuscito a sfoderare una tale faccia tosta da avvicinare e ottenere l'attenzione di personaggi famosi come Dino Zoff o l'Avvocato Agnelli?

Scrivere – anzi saper scrivere così bene da essere pubblicato sui giornali – era per me sinonimo di potere. Di soddisfazione personale. Anche un fantasista come Michel Platini, inseguito dalle difese calcistiche di mezzo mondo, sarebbe stato costretto a fermarsi per parlare con quel tizio dal perfido sguardo, armato soltanto di un feroce taccuino.

«La voce» di quelle pagine viscide d'inchiostro risuonava nella mia testa quasi fosse una musica. Sprofondare nella lettura di quei reportage di cronaca, o di quelle interviste al campione inarrivabile, era come sentire nelle orecchie i racconti di chi era stato *realmente* sul posto. Rumori, sottofondi, urla, incitamenti. Le emozioni provate da chi aveva visto la diretta diventare storia. Come si poteva – mi chiedevo – rendere quelle sensazioni così lucidamente? E riuscire, in contemporanea, a scriverne una melodia fatta unicamente di parole. Come poteva Mogol fare anche la parte di Battisti?

La scrittura, dunque, l'avrai ormai capito, ha esercitato su di me un grande fascino fin dall'adolescenza. A quell'epoca ero già attratto dal genere di giornalisti che non si limitano a descrivere un fatto con il classico schema delle 5 «W». Mi piaceva leggere gli articoli di chi era capace, attraverso le poche righe di una pagina, di raccontare una storia che si potesse vividamente immaginare. Avevo bisogno di un contesto, anche minimo. Di qualche dettaglio sui colori, sui toni delle voci, sulle espressioni dei volti. Volevo percepire il movimento che spingeva le parole verso l'alto: quella forza che bucava il foglio e restava con me per tutto il pomeriggio. Quando, finiti i compiti e fatta la merenda, scendevo di corsa nel cortile per giocare a pallone con gli amici.

Non fraintendermi. La mia scrittura preferita non doveva straripare di aggettivi, avverbi e punti esclamativi. Doveva arrivare al punto con la leggerezza di un sorriso e l'abilità di un pifferaio magico. L'immagine che avevo del giornalista, seduto di fronte al rullo della macchina per scrivere, era quella di un demiurgo capace di miscelare parole intingendo il pennello nella semplicità e nell'umorismo. Frasi dirette e persuasive. Efficaci e sensuali. Come una lingua musicale. Chiudendo gli occhi, immaginavo l'autore in carne e ossa, seduto al mio fianco. A raccontarmi le sfide della vita.

La scrittura come approdo

> *«La Lettera 32 è una macchina per scrivere portatile prodotta dalla Olivetti e commercializzata a partire dal 1963. Progettata dall'architetto e designer Marcello Nizzoli e ideata come erede della Lettera 22, la 32 fu molto popolare tra giornalisti e studenti ed ebbe un grande successo commerciale in tutto il mondo.»*
>
> Wikipedia

Crescendo, ho iniziato molto presto a fare l'apprendista nelle redazioni dei giornali *unopuntozero*. Quei posti dove il sibilo del fax era un sottofondo armonioso rispetto al fracasso metallico dei martelletti delle macchine per scrivere. Nel frattempo, per caso (e non per via del cognome), avevo imparato a usare la Lettera 32, che mi era stata regalata al pari di un gioco, ma che utilizzavo molto seriamente e che custodivo come una reliquia. In quegli anni la scrittura era ancora un processo multisensoriale, dove il rumore del rullo che avvolgeva il foglio, il clangore dei tasti fra i quali si incastravano le dita, l'odore di inchiostro del nastro rossonero e il *ding* della campanella che ti avvisava quando andare a capo erano un'esperienza che appagava i cinque sensi.

Ti starai chiedendo: ma questo salto nella preistoria è funzionale all'idea di un libro sulla scrittura professionale? Perché parlare di ciclostile quando oggi con un tweet arriviamo in pochi secondi dall'altra parte del pianeta? Ti rispondo: è grazie a questa carrellata sul potere della scrittura che oggi posso sentirmi nelle condizioni di trasferirti, tramite questo manuale che hai tra le mani, parte della mia energia creativa. La capacità di scrivere professionalmente non è cambiata nel corso degli ultimi anni: sono cambiate le forme e gli strumenti. L'energia che passa attraverso la scrittura va intercettata con modalità diverse. Ma va colta e utilizzata.

Se nei diversi lavori che ho svolto (oltre alla professione di giornalista mi sono occupato di corsi di formazione, di uffici stampa, di copywriting, di vendita di spazi pubblicitari, di animazione turistica e di molto altro), se di fatto negli anni sono arrivato a sentirmi a mio agio nei meccanismi della comunicazione, questo lo devo in gran parte alla capacità di pensiero che sta dietro al processo di scrittura. Un flusso che richiama l'approccio tipico del giornalista: curiosità, osservazione, domande, chiarezza, sintesi, emozioni su carta. Un processo che all'inizio potrà sembrarti macchinoso. Fidati però del fatto che per presentare e promuovere te stesso e la tua attività (in maniera positiva e convincente) sarà sufficiente solo un po' di allenamento.

Dopo alcuni decenni di prevalenza dell'aspetto tecnologico, il contenuto è tornato a essere al centro del ring. Come vedremo nel prossimo capitolo.

E ora tocca a te!

- Ripensa a qualcosa che hai scritto – anche in passato – e che ha suscitato particolari emozioni, sia in te sia in coloro che l'hanno letto. Può essere un bigliettino d'auguri, una dedica su un libro o un post che ha ottenuto un certo successo. Ma può anche trattarsi di sensazioni poco piacevoli, che hanno provocato sofferenze e dolori.

- Ripercorri lo stato d'animo che ha preceduto e ha accompagnato la scrittura di quel testo. La concentrazione, l'obiettivo di ciò che volevi comunicare, il senso di fluidità che scorreva sulla pagina. Fai questo isolandoti da interferenze (telefono cellulare, email, social network).
- Dopo aver riletto il testo, oggi lo cambieresti? E se sì, in che modo? Riscrivi quelle righe con la maturità delle esperienze fatte nel frattempo.

Il bis
Intervista vincente

Alessandro Dattilo intervista Alessandro Dattilo

Farsi le domande e autorispondersi è piuttosto da megalomani...

«Cominciamo bene. Le ricordo che Oriana Fallaci ci ha scritto un libro.»

Se è per questo, Marzullo ci ha fatto un programma.

«Senta, lei è simpatico ma non ho molto tempo da dedicarle. Cosa voleva sapere da me?»

Ad esempio, perché le è venuto in mente di aprire un blog sulla scrittura professionale.

«Dopo aver saputo che il mio fruttivendolo aveva un sito sulle meraviglie del radicchio, mi sono detto: manchi solo tu...»

Quindi, si è adeguato alla massa, ha perso un'occasione per distinguersi.

«E lei per fare una domanda furba. In realtà penso che per dare un contributo occorre mettersi in gioco. È troppo comodo giudicare senza esporsi.»

Oggi la sento particolarmente filosofo. Dunque si tratta di un blog sulla comunicazione scritta. Ma perché vincente? Ogni tanto si può anche pareggiare...

«Ma a lei chi la paga per avere questi tempi comici da dopolavoro? Se è per questo si può imparare molto anche dalle sconfitte. Vincente è sinonimo di efficace. Una scrittura semplice ed essenziale, che arrivi al sodo in poco tempo, senza prolissità. Ma che sappia coinvolgere ed emozionare. In Rete finora ho trovato solo qualche raro diamante che emerge dalla sabbia.»

Dunque, per scrivere bene sul lavoro bisogna diventare artisti, scrittori della domenica.

«No, è sufficiente leggere molto e prendere ispirazione da diversi generi: dalla pubblicità, dai giornali, dalla satira, da alcuni blog, dal coaching...»

Non la seguo più... Cosa c'entra questa maionese di generi?

«Per arrivare a padroneggiare una scrittura professionale occorrono ritmo, creatività, motivazione, energia. Quando scriviamo un'email, una presentazione, un articolo, una newsletter o la nostra biografia, l'idea è quella di attirare l'attenzione e farsi leggere dai nostri interlocutori. Lei sa chi è Mogol?»

Quello delle giovani marmotte? No, scherzo... È il noto paroliere di Lucio Battisti.

«Mogol racconta che componeva le sue canzoni in autostrada. Partiva con un'emozione, un pensiero. Poi si fermava nelle aree di servizio e scriveva di getto sul suo taccuino. Prima di arrivare al casello, il testo era pronto. E che testi! Un genio.»

Ancora una volta lei gioca a fare il difficile...

«Guardi, non è che dobbiamo diventare tutti degli artisti. La scrittura è una cosa semplice: bisogna però allenarla, contaminarla e alleggerirla il più possibile. I testi vanno scritti con cura, riletti dopo un po' di tempo, rieditati. Devono assomigliarci un po', differenziare il nostro messaggio, bucare la pellicola di indifferenza.»

Chiudiamola qui, per oggi è sufficiente. Si è capito che lei ci crede.

«Non è solo una questione di passione. Molte persone che conosco per lavoro sono in difficoltà davanti a una pagina bianca. Parlando della mia esperienza, e condividendo un po' di attrezzi del mestiere, mi piacerebbe che si diffondesse la passione per la buona scrittura, al di là degli SMS. Scrivere è sempre più un'attività fondamentale per comunicare col mondo. Ma che fa? Non ha preso appunti?»

Il giornalista è lei, io sono pagato per farle da spalla.

«Sì, ma Peppino De Filippo mi faceva più ridere.»

Sia serio!

«Piano con le offese!»

III
Vituperato contenuto!

«Comandano i contenuti. Non solo testuali e chiaramente non solo di natura editoriale, bensì sviluppati su più fronti: social media, articoli, newsletter, blog e quant'altro.»

Matteo Aldamonte, blogger

Ti immagino seduto alla scrivania, mentre scuoti la testa cercando di far quadrare i conti. La tua attività è fatta di alti e bassi, con entrate e uscite che non sempre si sorreggono a vicenda. Da piccolo imprenditore, professionista, manager, commerciante, hai maturato la consapevolezza che, nonostante la crisi, sia comunque il momento di promuoversi con modalità nuove. Con canali e messaggi che «buchino» il muro di indifferenza contro il quale vanno a sbattere i buoni propositi di marketing.

Ne leggi e ne senti tante, non sai a chi dare ascolto. I media parlano spesso di Twitter e Facebook, di acquisti online e mercati digitali. Il punto su cui la maggior parte degli operatori si trova d'accordo è che il vero rinnovamento non risieda specificatamente nei mezzi di comunicazione, ma piuttosto nella qualità dei contenuti.

Eccolo, dunque, il contenuto! Vituperato e messo in disparte per anni, sta riconquistando il predominio sulla tecnologia. A dirlo non siamo solo noi comunicatori (potremmo essere tacciati di partigianeria...). Basta leggere le interviste agli addetti ai lavori per rendersi conto che le imprese, anche quelle piccole e piccolissime, possono risollevarsi da uno stallo nelle vendite grazie a un «uso sapiente di Internet». Laddove per sapiente si intende «efficace»: nei contenuti, nella scrittura, nella presentazione d'insieme, nella rapidità di aggiornamenti, nella percezione dei bisogni.

Il vicepresidente per Europa meridionale e orientale, Medio Oriente e Africa di Google, Carlo d'Asaro Biondo, al Digital Experience Festival 2012 di Torino ha dichiarato: «Col Web si può fare! Ma in Italia non tutti ancora lo sanno. Solo il 15-20 per cento delle piccole e medie imprese nazionali usa Internet per aprirsi il mercato». Chi lo fa, ottiene buoni risultati. Come nel caso del portale web sediarreda.com che sta rivoluzionando il cosiddetto «triangolo della sedia», un distretto di imprese specializzate in provincia di Udine. Spiega d'Asaro Biondo: «Alcuni giovani artigiani hanno scelto la Rete per sfidare la concorrenza a basso costo. Hanno trovato nuova clientela all'estero, hanno scoperto che c'è gente disposta a pagare qualcosa di più per la qualità».

Aprendo una finestra online (con un profilo Facebook, un canale YouTube e il marketing virale) sono riusciti a trovare nuovi sbocchi. «Di qui al 2016» ha aggiunto il manager di Google, «questo business di servizi raddoppierà la dimensione rispetto al PIL. In Italia potrebbe voler dire tre-quattrocentomila nuovi posti di lavoro. La formula? Le aziende devono organizzarsi per disporre di siti web capaci di essere la loro vetrina nel mondo. Sapendo che l'87 per cento dei consumatori va sul Web prima di effettuare un acquisto, il beneficio è evidente a tutti.»

«Non i follower su Twitter. Non i fan su Facebook. Non i check-in su Foursquare. No. Quello che serve è saper scrivere bene, fine della storia. Saper scrivere bene significa essere concisi, ed essere concisi è marketing. Vuoi avere la garanzia di perdermi come cliente, per sempre? Fai un errore di grammatica in qualsiasi tua comunicazione esterna.»

Davide Pozzi, TagliaBlog

Oggi il vantaggio è concreto anche per i piccoli imprenditori. Un sito in Rete, scritto e organizzato in modo efficiente, equivale ad avere uffici in ogni angolo del pianeta. E se da un lato il Web ha un ruolo di comparazione dei prezzi (nelle difficoltà economiche aumentano le ricerche, perché si vuole ottimizzare la spesa), dall'altro le imprese hanno a disposizione una potente opportunità di farsi conoscere sul mercato.

The content is king

La scrittura di contenuti di qualità, le storie raccontate con la tecnica dello storytelling giornalistico sono la nuova e sempre più efficace frontiera del marketing. Ognuno di noi – di qualunque piccolo o grande business ci occupiamo (compresa la ricerca di un lavoro) – avrà sempre più la necessità di ripensare la propria comunicazione in chiave di «content marketing».

Se anche il tuo vecchio sito aziendale è ormai in disuso, è utile iniziare a ragionare come dei piccoli editori che quotidianamente informano e coinvolgono il pubblico attraverso la formula del «corporate magazine»: una sorta di rivista online che racconta in chiave giornalistica la nostra storia passata, presente e futura. E che coinvolge gli utenti in maniera semplice, leggera ed efficace, a livello emotivo e razionale. Senza il bisogno di vendere nulla.

Un esempio fresco e potente di quanto ho appena detto è quello della Coca-Cola. Che ha buttato via il vecchio sito e convogliato tutta la comunicazione sul magazine online «Coca-Cola Journey». Il primo pensiero è: se un gruppo internazionale di tali dimensioni ha investito in quella direzione, c'è da credere che il fenomeno non tarderà a manifestarsi su grande scala. Con risultati di successo duraturo.

Qualche tempo fa Antonio Cilardo, blogger ed esperto in comunicazione, scriveva:

> Secondo «Mashable» il 2013 è l'anno della definitiva consacrazione del content marketing e dei produttori di contenuti che informano e coinvolgono il pubblico. Investire in content marketing significa produrre contenuti originali, tararli sulle caratteristiche del pubblico, sostenerli attraverso i social media pianificando una strategia e ricordando che il vecchio sito aziendale oramai è in disuso. Meglio seguire l'esempio della Coca-Cola, che ha trasformato il proprio sito in corporate magazine.

Sul «Coca-Cola Journey» non troverai solo informazioni e comunicati ufficiali ma anche contenuti che superano il classico sito corporate. I comunicatori della bevanda con le bollicine più famose del mondo si cimentano quotidianamente in articoli, immagini, video, approfondimenti e blog. E soprattutto in storie che non riguardano direttamente l'azienda, ma contribuiscono a darne un'immagine più aperta e dinamica. Eventi compresi.

Di storytelling (e *storyselling*) parleremo in modo specifico più avanti. Qui posso intanto dirti che utilizzare un taglio più narrativo nella tua comunicazione aziendale – in quella interna che coinvolge i dipendenti, così come in quella esterna e ufficiale – contribuirà a catturare l'attenzione dei lettori, a fornire alla tua impresa una voce e uno stile personale. Che aiuta tra l'altro a sottrarsi ai rischi dell'omologazione.

Un esempio? Hai presente le classiche case history pedantemente descritte secondo la triade «contesto, obiettivi, attività»? Perché non alleggerirne la fruizione, narrando i fatti come fossero un racconto con tanto di inizio, svolgimento e conclusione? Diverse volte ho ottenuto ottimi risultati applicando sequenze più avvincenti anche per descrivere, ad esempio, un nuovo servizio. Mi è bastato coinvolgere i progettisti e farmi raccontare dalla loro viva voce cos'ha significato la nascita di quel prodotto. «Non parlatemi di caratteristiche» ho detto la prima volta che li ho incontrati, «ma raccontatemi come la vostra idea è riuscita a cambiare la vita quotidiana della gente.» Un successo!

Native Advertising

Per rafforzare l'idea di un brand – che non si limita all'offerta commerciale ma si interessa a tutto tondo di argomenti trasversali come la società, lo sport, lo spettacolo e la salute – le organizzazioni più evolute (ma anche molte piccole imprese come potrebbe essere la tua) hanno iniziato a ragionare al pari di una redazione. E dunque a:

- produrre contenuti informativi su sito web, blog e social;
- utilizzare lo storytelling;
- dotarsi di ufficio stampa e PR per gestire eventi offline e online;

- ascoltare e rispondere al pubblico in tempo reale;
- cogliere la palla al balzo quando una notizia può rivelarsi significativa.

Va detto che anche la pubblicità online sta cambiando. Ricordi i banner? I classici spazi a pagamento simili a quelli dei media classici, separati dal resto? Oggi sono ritenuti sostanzialmente inutili. La buona notizia è che al loro posto sta crescendo la *native advertising*.

La native advertising è un contenuto sponsorizzato, promosso e visualizzato all'interno dei contenuti offerti al pubblico. A differenza della pubblicità tradizionale, che ha lo scopo di *distrarre* il lettore dal contenuto in modo da comunicare il messaggio, la native advertising ha l'obiettivo di *immergere* la pubblicità all'interno del contesto. Infatti, chi progetta e realizza campagne pubblicitarie native, non ha come unico proposito quello di attrarre l'attenzione dell'utente, ma desidera creare un vero e proprio *engagement*.

Secondo una ricerca di Hexagram (*State of Native Advertising 2014*) realizzata interpellando più di mille fra editori, addetti al marketing di vari brand e agenzie pubblicitarie degli Stati Uniti, le forme più diffuse sono risultate i post su blog e gli articoli publiredazionali. In testa per popolarità nel campo della pubblicità nativa si trovano gli annunci sponsorizzati di Facebook (56%), i video (52%), i tweet (46%) e le infografiche (35%).

Lo storytelling della Quarta Caffè

Nella parte finale di questo libro ti parlerò di come costruire una base di comunicazione efficace per te stesso, la tua impresa, il tuo studio professionale. Partendo da un'analisi del contenuto di marketing e passando per la creazione di un social magazine e di un leggero ma efficace ufficio stampa 2.0. Un vero e proprio metodo che utilizzo con successo ormai da qualche anno.

Come punto di partenza occorrerà raccogliere il maggior numero possibile di informazioni necessarie per strutturare un profilo aziendale. Anche questo lo approfondiremo in uno dei prossimi capitoli. Intanto, per tastare il terreno riporto alcuni elementi di un articolo scritto per «La Stampa» da Chiara Beria di Argentine, una delle firme storiche del giornalismo femminile italiano. Può interessarti perché parla di un'azienda del Salento che ha deciso di sfidare le multinazionali a colpi di qualità: qualità di prodotto, di brand, di marketing intelligente e di sistema aperto che comunica con il territorio. Dietro una strategia di comunicazione c'è sempre la mente e la passione di qualcuno che ha a cuore il proprio prodotto. Ecco in sintesi gli elementi di scenario e storytelling su cui ha puntato l'azienda leccese capitanata da Antonio Quarta, amministratore delegato della Quarta Caffè:

- L'espresso italiano è un'eccellenza da difendere, fa parte della nostra tradizione, del nostro stile di vita. È assurdo che gli svizzeri (Nespresso) ci vendano il caffè con l'enfasi di chi ha inventato l'espresso.
- Quarta Caffè ha 105 collaboratori (l'ad non li chiama mai dipendenti) e 25 milioni di euro di fatturato.
- Secondo Quarta, l'invasione del caffè in cialde è solo una grande operazione di marketing. Infatti, per i consumatori il prezzo è elevato: una capsula 40 centesimi, contro i 5 centesimi di un buon caffè fatto con la moka.
- L'impatto sull'ambiente è pesante per via dello smaltimento della plastica e dell'alluminio delle cialde. Un chilo in cialde occupa lo spazio di 6 chili di caffè in grani. Per trasportare 10 quintali di caffè Quarta occorre un furgone, per la stessa quantità in capsule ce ne vogliono sei.
- L'azienda, fondata dal nonno negli anni Cinquanta, ospita quattromila studenti l'anno attraverso il progetto scuola-impresa.
- La missione della Quarta Caffè è affermare un modello d'azienda locale come sistema aperto che interagisce col territorio: rispetto della natura, amore per la propria terra, lotta alla globalizzazione.
- Alle pareti di Avio, il bar-degustazione nel centro di Lecce, sono appese foto storiche, mentre sul barattolo di latta c'è la riproduzione della prima cartina navale dell'Unità d'Italia.

- Per raccontare il brand personale dell'azienda, nel corso degli anni sul sito web si sono alternate sezioni come la Storia, i Marchi, i Calendari, le Pubblicità, i Materiali promozionali. E le attività per gli studenti, per l'ambiente, per l'Africa.

Tutti questi elementi sono un esempio di base su cui generare contenuti di qualità. Sono informazioni che saranno veicolate attraverso il sito web, i canali social, il materiale di marketing. Ma anche dall'ufficio stampa in occasione di eventi, interviste, presentazioni dell'azienda.

Penso che tu stia iniziando a comprendere l'estrema utilità di avere a disposizione un set di frasi, argomenti e contenuti pronti all'uso e allineati con l'attualità. Dietro a questo lavoro c'è un atteggiamento e una sensibilità giornalistica, che si sposa inevitabilmente con una buona capacità di scrittura e un'efficacia comunicativa.

Le imprese oggi entrano nell'immaginario collettivo grazie a questo genere di narrazione. I prodotti sono tanti, tantissimi, molti si equivalgono. A fare la differenza è la percezione emotiva, l'esperienza che il tuo utente fa quando incontra la soluzione che hai pensato per lui. A cominciare dal racconto sceneggiato all'occorrenza.

Per strutturare un testo vanno però stabilite alcune linee guida che sono comuni ai diversi format della scrittura professionale. Sono indicazioni di base che ti saranno utili per scrivere una scheda prodotto, una brochure o una presentazione dell'azienda. Ma tienile a portata di mano anche quando dovrai informare e aggiornare il tuo pubblico sulle novità e gli eventi che segnano la tua impresa professionale. Sei pronto a entrare nel mondo della scrittura efficace?

E ora tocca a te!

- Navigando su Facebook o su portali informativi di grande diffusione (esempio: Fanpage), inizia a notare i contenuti sponsorizzati presenti all'interno del testo stesso. Si tratta di brevi annunci? Di video da YouTube? Di pagine che promuovono un brand? Annotati i format principali e verifica se hanno un'attinenza con il contenuto che stai leggendo o con le caratteristiche del tuo profilo/target (età, area geografica, livello di istruzione ecc.).

- Analizza il sito web di qualche brand famoso, italiano e internazionale. Concentrati sulla pagina del «Chi siamo» e nota questo: il contenuto è incentrato sull'azienda stessa (si parlano addosso, si dicono quanto siamo bravi, siamo i «leader del settore») oppure si mette al centro della scena il potenziale cliente, le sue esigenze, i problemi che vorrebbe risolvere?

Seconda parte

I PILASTRI DELL'EFFICACIA

IV
Rottamiamo il burocratese

«Non sarai mai sicuro di aver davvero compreso qualcosa finché non sarai capace di spiegarlo a tua nonna.»

Albert Einstein

Scrivere bene significa prima di tutto farsi capire dal destinatario. Purtroppo, molto spesso, chi scrive mette assieme termini che complicano la vita a chi legge o ascolta. Lo aveva già intuito Italo Calvino nel 1965, quando parlò di «antilingua» in un articolo pubblicato dal quotidiano «Il Giorno»:

> Il brigadiere è davanti alla macchina da scrivere. L'interrogato, seduto davanti a lui, risponde alle domande un po' balbettando, ma attento a dire tutto quel che ha da dire nel modo più preciso e senza una parola di troppo: «Stamattina presto andavo in cantina ad accendere la stufa e ho trovato tutti quei fiaschi di vino dietro la cassa del carbone. Ne ho preso uno per bermelo a cena. Non ne sapevo niente che la bottiglieria di sopra era stata scassinata».
>
> Impassibile, il brigadiere batte veloce sui tasti la sua fedele trascrizione: «Il sottoscritto essendosi recato nelle prime ore antimeridiane nei locali dello scantinato per eseguire l'avviamento dell'impianto termico, dichiara d'essere casualmente incorso nel ritrovamento di un quantitativo di prodotti vinicoli, situati in posizione retrostante al recipiente adibito al contenimento del combustibile, e di aver effettuato l'asportazione di uno dei detti articoli nell'intento di consumarlo durante il pasto pomeridiano, non essendo a conoscenza dell'avvenuta effrazione dell'esercizio soprastante».

Calvino definì «antilingua» il goffo e artificioso linguaggio usato dal brigadiere, così come da molti altri.

> Ogni giorno, soprattutto da cent'anni a questa parte, per un processo ormai automatico, centinaia di migliaia di nostri concittadini traducono mentalmente con la velocità di macchine elettroniche la lingua italiana in un'antilingua inesistente. Avvocati e funzionari, gabinetti ministeriali e consigli d'amministrazione, redazioni di giornali e di telegiornali scrivono parlano pensano nell'antilingua.
>
> Caratteristica principale dell'antilingua è quello che definirei il «terrore semantico», cioè la fuga di fronte a ogni vocabolo che abbia di per se stesso un significato, come se «fiasco» «stufa» «carbone» fossero parole oscene, come se «andare» «trovare» «sapere» indicassero azioni turpi. [...]
>
> Chi parla l'antilingua ha sempre paura di mostrare familiarità e interesse per le cose di cui parla, crede di dover sottintendere: «Io parlo di queste cose per caso, ma la mia funzione è ben più in alto delle cose che dico e che faccio, la mia funzione è più in alto di tutto, anche di me stesso».
>
> La motivazione psicologica dell'antilingua è la mancanza d'un vero rapporto con la vita, ossia in fondo l'odio per se stessi. [...] Perciò dove trionfa l'antilingua – l'italiano di chi non sa dire «ho fatto» ma deve dire «ho effettuato» – la lingua viene uccisa.

Parole forti, a tratti ironiche. Ma decisamente vere. Quante volte ti sarà capitato di imbatterti in testi scritti da «simpatici» (ma contorti) impiegati della pubblica amministrazione, di fronte ai quali il senso di nausea scatta istantaneo? Perché ci si ostina a credere che per parlare di cose *difficili* ci voglia un linguaggio *difficile*? Personale dei ministeri, degli enti locali, delle università. Ma anche autori di circolari amministrative, bandi di gara, dichiarazioni dei redditi non si rendono minimamente conto che la complessità del *burocratese* è spesso inutile, sicuramente non giustificata dalla complessità della materia.

Spiega Daniele Fortis, esperto di linguistica e comunicazione istituzionale:

> La lingua dei burocrati è proverbialmente oscura e poco accessibile al comune cittadino, tanto da essersi guadagnata l'appellativo di *burocratese*, termine ironico e spregiativo [...] che designa il «linguag-

gio complesso e oscuro usato, per abitudine e mancata attenzione alla chiarezza, nel settore della burocrazia dai funzionari che vi operano». [...] Per queste sue caratteristiche (criptico, contorto, bizantino, astruso, pedante, ampolloso) il linguaggio amministrativo è stato spesso bersaglio di critiche e parodie.

Il problema è che nel tempo questa moda deleteria si è diffusa in maniera estesa, contagiando persone dall'elevato grado di scolarizzazione come professori, avvocati, medici, dirigenti e quadri aziendali. E sì, proprio loro! Triste ammetterlo: ma dall'originario ceppo del burocratese si è generato il virus altrettanto ampolloso dell'*aziendalese*. Caratteristiche?

- Parole antiquate;
- termini tecnici;
- inutili neologismi;
- sigle indecifrabili;
- frasi lunghe e verbose;
- un periodare tortuoso;
- una cattiva gestione dell'informazione;
- anglicismi a rotta di collo.

Scrive ancora Fortis nel breve saggio *Il plain language: quando le istituzioni si fanno capire*:

> Si impiegano parole difficili per esprimere idee banali, si sfoggiano termini pseudo-tecnici che potrebbero essere sostituiti da parole comuni senza dispersione di significato. Molte espressioni burocratiche non rispondono all'esigenza di designare in modo non ambiguo un dato concetto tecnico, ma sono preferite per l'aura di apparente professionalità che emanano. «Attergare» è davvero più preciso di «scrivere dietro»?

Fortis nomina il *plain language* inteso come un linguaggio che si può considerare l'antitesi del burocratese e dei suoi parenti prossimi, e nasce proprio in reazione a essi. Per definirlo, nei Paesi anglofoni si usa l'espressione *plain English* o, più genericamente appunto, plain language (linguaggio chiaro, semplice).

Come puoi semplificare la tua scrittura

Ti piacerebbe utilizzare, nella scrittura, un linguaggio capace di trasmettere al lettore (cliente) le informazioni nel modo più semplice ed efficace possibile? Un contenuto privo di complessità non necessarie? Sappi che il sopraccitato plain language è l'equivalente di una linea retta che forma la via più breve fra due punti. In termini tecnici: l'emittente e il destinatario del messaggio.

Idealmente il lettore dovrebbe riuscire a capire il tuo testo alla prima lettura.

Per arrivare a questo, è importante per prima cosa individuare tutte quelle informazioni di cui l'interlocutore ha bisogno. Dopodiché vanno organizzate ed esposte in modo tale che abbia buone probabilità di comprenderle.

Diciamo che il plain language è un linguaggio moderno, che vuole assomigliare alla lingua della conversazione quotidiana, senza però scadere nella semplificazione estrema. È una scrittura alleggerita da espressioni gergali, rare e fuori moda. Che non ha bisogno di ricorrere a terminologie dotte, accademiche e burocratiche. E che utilizza un'impostazione grafica in grado di agevolare la lettura.

Fortis ci spiega che questo processo si articola grossomodo in tre fasi:

1. La *progettazione*, in cui si pianifica ciò che si dirà: si identificano i destinatari e le loro esigenze, si definisce lo scopo della comunicazione e, su queste basi, si raccolgono e si organizzano le informazioni.
2. La *stesura del testo*, in cui si dà forma linguistica e grafica al piano precedentemente elaborato, applicando determinate tecniche che favoriscano la leggibilità.
3. La *revisione* (editing), in cui si verifica l'efficacia di ciò che si è scritto, possibilmente testandolo su lettori reali, e si compiono le opportune modifiche, se necessario.

Lo scrittore deve calarsi nei panni dei lettori, e adattare quello che dice alle loro esigenze e capacità di comprensione. Chi scrive deve sostanzialmente porsi due domande sul lettore:

1. Che cosa *ha bisogno* di sapere?
2. Che cosa *è in grado* di capire?

La risposta alla prima domanda permetterà di selezionare le informazioni rilevanti per il lettore, scartando quelle superflue, che appesantirebbero inutilmente il testo. In base alla risposta alla seconda domanda si cercherà di presentare le informazioni selezionate in modo che il lettore le possa facilmente comprendere.

I tempi cambiano? Ebbene sì

L'abbiamo accennato prima: tra i più restii a adottare questa «rivoluzione copernicana» – grazie alla quale per la prima volta è il lettore a trovarsi al centro della scena – sono proprio quei professionisti *vecchio stampo* e quei burocrati delle pubbliche amministrazioni che interpretano i suggerimenti come se fossero un attacco personale! Ci sembra di sentirli: «Perché semplificare? Perché riorganizzare un testo dove i tecnicismi sono fondamentali?».

Attenzione: non stiamo qui dicendo che tutta una serie di contenuti (pensa alle leggi, alle tesi universitarie, alle relazioni finanziarie, alle pubblicazioni scientifiche) vadano di colpo spacchettati e ridotti ai minimi termini. Sosteniamo invece che, pur mantenendo un vocabolario comprensibile a *quella* tipologia di lettore, è possibile adottare alcune accortezze che aiutino il pubblico a non sentirsi fiaccato già dopo la lettura di un solo paragrafo. Di fatto, un linguaggio meno paludato.

Perché non proviamo a eliminare quella distanza che ha da sempre contrapposto i dotti al resto del mondo? Oggi il popolo non è più così ignorante come un tempo. Diamoci da fare per rottamare (termine molto di moda) quella certa aura sciamanica che ha accompagnato per secoli la professione di medici, avvocati, giuristi e docenti di tutte le specie. Prendiamo atto che competenze, cultura, informazioni sono ormai a portata di computer: e che i paroloni non incutono più quella soggezione che distingueva per superiorità chi sapeva scrivere da chi sapeva, a malapena, solo leggere.

I tecnicismi si possono usare lo stesso,
ma vanno spiegati (senza ricorrere ad altri tecnicismi!).

Lo stesso vale per molte parole inglesi, ormai entrate nell'uso corrente: vanno bene se non si esagera, se vengono introdotte con criterio. I periodi troppo lunghi non devono necessariamente essere spezzettati come polpettine: ma resi più fluenti grazie a una sintassi piana, che non contenga troppe incidentali, subordinate o soggetti lasciati per strada. Evita i gerundi, l'eccesso di aggettivi, l'uso forsennato di avverbi. Più avanti vedremo altre accortezze da utilizzare, così da rendere la tua scrittura concreta e diretta all'obiettivo!

Come riporta Martina Guglielmi, autrice di webhouseit.com, ecco qualche esempio di espressioni in burocratese tratte da *Semplificare il linguaggio burocratico* di Aurora Lucarelli:

- In deroga a quanto precedentemente stabilito > Fa eccezione
- Ai sensi di > Come stabilisce
- Accedere > Entrare
- Altresì > Anche
- Apportare > Aggiungere
- Computare > Calcolare
- Congiuntamente > Insieme a
- Corresponsione > Pagamento
- Dar corso > Avviare
- Detenere > Avere
- Devolvere > Dare, Assegnare
- Espletare > Fare, Realizzare, Concludere
- Preliminarmente > Prima
- Processo selettivo > Concorso

Alcuni suggerimenti arrivano anche da Roberta Copersino ed Emiliano Germani nel loro manualetto di stile per la Regione Abruzzo:

- Scegli parole del linguaggio comune. Esempi: interloquire è parlare, ottemperare è rispettare, apporre è mettere, disdettare è disdire.

- Non usare giri di parole. Esempi: mancato accoglimento è rifiuto, dare comunicazione è comunicare.
- Utilizza un linguaggio giuridico solo se necessario, perché oblazione è pagamento, ingiunzione è ordine.
- Traduci parole straniere (quando possibile), latinismi e grecismi. Esempi: *planning* è piano, *de iure* è di diritto, *de facto* è di fatto.
- Evita le frasi fatte e le formule solenni: la Signoria Vostra è Lei, istanza corredata è domanda completa, ci pregiamo di informare la S.V. è la informiamo.
- Fai attenzione a sigle e abbreviazioni: se le usi per la prima volta, spiega il significato.

Inizia a montare anche a te il senso di nausea? E questo è nulla! Di (quasi) peggio c'è la versione d'impresa del burocratese: l'aziendalese.

E ora tocca a te!

- Raccogli un po' di testi scritti dalla pubblica amministrazione. Stampa o fotocopia qualche esempio: un avviso del tuo Comune ai cittadini, una lettera della tua banca, un referto medico, un passaggio di un testo universitario, un'email del tuo commercialista. Qualsiasi cosa sappia di burocratese.
- Prova a leggere ad alta voce, come se di fronte a te ci fosse tuo zio anziano o tua nonna. Quanto di quello che stai leggendo è realmente comprensibile all'interlocutore? In fondo, i tuoi parenti *diversamente giovani* non sono anche loro uno dei *target di riferimento* di banche, enti pubblici, commercialisti, professoroni?

V
Implementare, Watson!

«Riesci ad avere visibilità al progetto XYZ,
implementato con il nuovo approccio?
Può diventare una criticità...»

Da una conversazione ascoltata
nell'ascensore di una multinazionale

Il mio obiettivo, come autore di questo breve saggio sulla scrittura professionale, è quello di fornirti una serie di strumenti per rendere la comunicazione scritta più chiara e immediata possibile. Con l'idea di dare efficacia al tuo marketing, aziendale e personale.

Pensiamo alla Rete. Internet in azienda – così come nelle PMI e negli studi professionali – ha cambiato le abitudini quotidiane della scrittura di tutti. Un esempio? Nelle organizzazioni il Web è soprattutto la posta elettronica, che ha rivoluzionato la nostra esistenza. Con l'email è finita l'era delle lettere e dei fax dettati alla segretaria. Scriviamo direttamente le nostre comunicazioni, anche se siamo imprenditori, ingegneri, manager o amministratori delegati. E soprattutto le scriviamo in modo del tutto diverso dalle lettere di una volta.

Commenta Luisa Carrada, autrice di libri sulla scrittura professionale e fondatrice del sito mestierediscrivere.com:

> Internet in azienda ha moltiplicato la parola scritta, i nostri contatti con i testi, le pile di carta sulle nostre scrivanie. Scriviamo, ma leggiamo anche molto di più. Perché abbiamo molti più docu-

menti e fonti a disposizione. E non a caso i lavoratori del mondo dell'informatica si definiscono sempre meno come tecnici e sempre più come *knowledge workers*, lavoratori della conoscenza. Conoscenze che acquisiamo, elaboriamo e scambiamo soprattutto attraverso i testi.

Va bene dunque scrivere molto più di prima. Ma ciò non significa automaticamente creare uno slang aziendale (spesso mutuato dalla lingua inglese) che vada a influenzare ogni pagina scritta in uscita dal nostro computer. L'aziendalese è fastidioso come il burocratese!

La piaga dell'aziendalese

Tralasciamo qui di approfondire la materia, come peraltro ha brillantemente fatto Maurizio Crippa, per dieci anni direttore di un'associazione industriale aderente a Confindustria. Crippa si è *sorbito* centinaia di riunioni con sindacalisti, amministratori, imprenditori, manager e uomini politici. Ha ascoltato (ahilui) decine e decine di discorsi, incamerando migliaia di parole!

> Discorsi e frasi talvolta noiosi, che hanno messo a dura prova la mia pazienza ed attenzione fino a quando sono stato attratto dalla misura spropositata di frasi ripetute in continuazione, dall'eccesso di curiosi intercalari, dalla quantità di luoghi comuni, e ho iniziato a trascriverle sul mio quaderno di appunti. [...]
>
> Le persone che frequento per motivi professionali parlano molto, e spesso danno l'impressione che l'importanza del loro ruolo professionale sia giustificata e rinforzata dalla parola, proprio il caso di dire: parlo, dunque ci sono anch'io!
>
> Maurizio Crippa, *Parlo, ergo sum!*

Da qui è nata la sua raccolta di termini in sindacalese, aziendalese, *confindustrialese* e ovviamente politichese! Piuttosto esilarante, se non venisse voglia di piangere. Io stesso per oltre quindici anni, operando in grandi aziende e gruppi internazionali come consulente per la scrittura di contenuti, ho avuto il piacere di imbattermi in testi che riflettono il vuoto pneumatico di molti professionisti dai compensi a quattro stelle.

Tanto per farti capire (e aiutarti così a riconoscere dove si annidano i virus della scrittura impossibile), ho annotato alcune frasi che ti ripropongo, raccolte dalla collezione del prezioso Crippa. Locuzioni che mi hanno riportato con lo stato d'animo, come d'incanto, all'interno di un supermeeting aziendale, pur restando seduto alla scrivania del mio ufficio.

Sono bastati passaggi come

- tracciare il quadro di riferimento,
- andare a definire un percorso di discussione e contenuti,
- aggiornato in tempo reale

per iniziare a percepire una lieve mancanza di ossigeno, e una voglia di regalare dizionari dei sinonimi a decine di impiegati e dirigenti d'impresa. Il disagio è aumentato quando la lista ha continuato a prendere corpo:

- occorre dare valore aggiunto;
- bisogna mettere a fattor comune;
- puntuale e preciso;
- supportare;
- finalizzare;
- una bella fetta di mercato;
- modelli di implementazione;
- lo snodo della formazione continua;
- occorre il governo dei processi;
- le sinergie sono finalizzate a;
- posizionato nella fascia alta;
- approcciare serenamente i problemi che emergono.

Fai attenzione allo scatto da aziendalese a confindustrialese. Un ambito dove la scrittura riguarda l'uomo d'azienda più «titolato», che diventa classe dirigente, che «si fa carico» dei problemi generali delle imprese.

Scorrendo questa lista mi sembrava invece di essere – col mio bravo pass da giornalista – a quelle noiose conferenze stampa dove i comunicati presentano il nulla che diventa «fuffa». O a quei convegni di supertecnici, dove le slide riportano una densità di parole elevata come quella misurabile ad agosto in uno stabilimento balneare dell'Adriatico:

- su quelle che sono le tematiche;
- distribuire a pioggia le risorse;
- l'asse portante del sistema Paese;
- il tessuto produttivo delle PMI;
- siamo aperti ai segnali;
- abbiamo il diritto-dovere;
- mettere a sistema;
- questioni che attengono;
- la mappatura completa;
- le problematiche che coinvolgono tutti;
- le determinazioni che abbiamo assunto;
- la responsabilità attiene al livello apicale;
- il progetto va ovviamente gerarchizzato;
- affrontare le sfide del nuovo millennio.

Ti ringraziamo di cuore, Maurizio Crippa, perché nel gesto di compilare questo abbecedario dell'aziendalese hai affrontato una delle sfide più difficili del nuovo millennio!

Cosa c'è dietro agli azzeccagarbugli?

Perché, chiediamoci insieme, in ambito aziendale si continua a scrivere in maniera burocratica? A questa domanda ha provato a rispondere Corinne Maier, autrice del libro *Buongiorno pigrizia*:

- L'impresa preferisce i termini complicati a quelli semplici: perché usare «inizializzare» al posto di «cominciare»?
- Utilizza un lessico selezionato per darsi più importanza. Pertinenza, competenza, efficienza, ottimizzare, dirigere ecc. sono parole pesanti, che annoiano e non privilegiano.
- Valorizza di più un linguaggio ricco, anzi lussuoso, che una grammatica corretta. Un vestito elegante non rende una persona più intelligente. E risolvere è più comprensibile di soluzionare.

- Per farsi obbedire sceglie termini tecnici ammassati in una frase a metà tra uno slogan e un'imposizione («occorre sforzarsi di imprimere nuove metodologie operative per la deadline del 15»).
- Vuole seguire un codice, utilizzato da altre imprese e per questo considerato valido. Ne siamo sicuri? Perché non crearne uno diverso, semplice e migliore?

Devo dire che stiamo *inizializzando* a *soluzionare* nuove metodologie di implementazione. Ecco, vedi? Occorre subito una doccia antiradioattiva per liberarsi dal virus...!

Attenzione, ecco una nuova carrellata di frasi in gergo aziendalese, raccolte da Carlotta Silvestrini nell'articolo *Sbianchiamo il frasario*. Espressioni che ritroviamo immancabilmente nelle sezioni «Annunci economici» dei giornali quotidiani:

- Predisposizione al lavoro in team.
- Azienda leader nel settore.
- In grado di venire incontro alle esigenze del cliente.
- Cerchiamo una figura.
- Siamo un team giovane.
- Progettiamo soluzioni innovative.
- Personale altamente qualificato.

Può bastare per aiutarti a riconoscere (e rifiutare) il frasario delle «frasi fatte»? Nel suo libro *Il mestiere di scrivere* (Apogeo, 2008) Luisa Carrada ci regala altre indicazioni e consigli su come semplificare il linguaggio amministrativo e *markettaro* (brutto termine derivante da marketing). Ricordandoci che le preposizioni semplici si chiamano così perché sono più semplici da capire:

- A partire da > Da
- Attraverso > Con
- Con l'ausilio di > Con
- In seguito a > Dopo
- Finalizzato a > Per
- Con l'eccezione di > Tranne

E poi ancora:

- Utilizza termini semplici, espressioni di uso quotidiano, perché le parole concrete, che nascono dall'esperienza, attirano l'attenzione del lettore e dei motori di ricerca.
- Sguinzaglia i verbi, soprattutto all'infinito, perché danno chiarezza e dinamismo (ricorda la semplicità: meglio decidere di prendere una decisione).
- Scrivi in maniera diretta al destinatario, senza mediazioni o giri di parole, e utilizza la forma attiva (più chiara e incisiva).
- Unisci soggetto, verbo e complemento oggetto.
- Quando lo ritieni opportuno, sostituisci o aggiungi all'aggettivo informazioni concrete (ad esempio: risposte tempestive può essere sostituito con risponderà entro 24 ore).
- Gli avverbi devono essere necessari per esprimere un concetto, non riempitivi.

E ora tocca a te!

Prima di passare al prossimo capitolo – dove finalmente potrai, passo passo, iniziare a organizzare un testo in generale – ti invito, seguendo il consiglio di Luisa Carrada, a riconoscere (e quindi eliminare dalla scrittura dei tuoi contenuti) parole ed espressioni superflue.

Analizza alcune email (vanno bene anche le presentazioni in slide o il «Chi siamo» dei siti web aziendali) e individua:

- i benvenuti;
- le autocelebrazioni (danno soddisfazione, ma è più efficace che siano gli altri a parlare bene di noi);
- i tentennamenti (meglio assicurare che essere in grado);
- le velleità (quando «vogliamo» essere, vuol dire che non lo siamo ancora);
- l'autoreferenzialità.

In attesa di sotterrare queste espressioni in giardino, tienile da parte. Scopriremo più avanti come sostituirle degnamente!

V bis
Intervista vincente

Dialogo (mica tanto) surreale tra un funzionario PA e un responsabile marketing di un'azienda privata

PA: *«In deroga a quanto precedentemente stabilito, le do il benvenuto.»*

MKT: «Bisogna mettere a fattor comune il target prefissato! Da parte mia, c'è il proposito di salutarla cordialmente.»

«A seguito della Vostra richiesta, si precisa che, a norma delle leggi vigenti e delle relative circolari del ministero delle Finanze, i certificati anagrafici sono soggetti al tributo del bollo ai sensi degli artt. 1 e 4...»

«È un discorso da gestire sotto l'aspetto dell'impatto e dell'approccio!»

«Come le diceva il summenzionato scrivente, che è anche un po' dichiarante, c'è una corresponsione congiuntamente al processo selettivo per cui vi siete candidati...»

«Mi scusi la domanda, dato che non ho visibilità sui processi: le sinergie sono finalizzate a un posizionamento nella fascia alta?»

«Guardi, preliminarmente abbiamo dato corso all'azione comprovante gli emolumenti in carico ai nominativi...»

«Ah, ora è tutto chiaro! È che sa... noi siamo leader di settore. In più la concorrenza si è letteralmente scatenata: dunque bisogna dare valore aggiunto a una bella fetta di mercato!»

«Ma lei sarebbe in grado di verbalizzare, e quindi sottoscrivere, la quota parte dei proventi?»

«Guardi, detto tra virgolette, i risultati dei test sono stati estremamente gratificanti, nonostante quelli preliminari avessero dato dei KPI di vendita non conformi agli standard.»

«Piano con le parole straniere! Sennò ci vediamo costretti a mettere intorno a un tavolo una dinamica di risorse umane per andare a un reale confronto e portare avanti una linea unitaria. Sa questo cosa significa? Che lo snodo fondamentale di una concertazione vera diventa un escamotage per andare a definire un percorso di discussione e contenuti!»

«Mah, guardi, non mi preoccupa il fatto che sia la competitività a decidere quale debba essere la scala di valori. Noi abbiamo degli *stakeholders* a cui facciamo riferimento. Sono tranquillo perché le slide che ho appena scaricato sul mio tablet dopo la call con il CEO mi fanno propendere verso un concept che presto sarà adottato in tutti i nostri store. Dunque, sotto l'aspetto del *revenue*, ci siamo parati il culo!»

«Quest'ultima espressione non l'abbiamo capita... È un pezzo di ragionamento che può influire sull'accordo?»

«Direi proprio di sì: l'intero Sistema Paese è allenato a pararsi il *revenue*! Comunque le faremo sapere: perché, si ricordi, che se il progetto va gerarchizzato, la responsabilità attiene al livello apicale. *Te salut...*!!!»

VI
Le basi per pianificare un testo

*«Dire molte parole e comunicare pochi pensieri
è dovunque segno infallibile di mediocrità.
Segno di testa eccellente è invece il saper rinchiudere
molti pensieri in poche parole.»*

Arthur Schopenhauer

Per lavoro analizzo ogni giorno decine di testi scritti da responsabili del marketing, operatori della comunicazione, giornalisti coinvolti nella redazione di siti web. Spesso do anche un'occhiata a come un'azienda o un singolo professionista mantengano una relazione con il loro pubblico attraverso le email e i canali social. Di fatto – oltre a crearne di nuovi – revisiono contenuti. Cerco di semplificarli, di renderli efficaci.

Sul mio tavolo «operatorio» da tempo campeggia un cartello con una scritta:

Complicare è facile, semplificare è difficile.

Complicare è davvero molto facile. Per complicare basta aggiungere, tutto quello che si vuole: colori, forme, azioni, decorazioni, personaggi, ambienti pieni di cose. Tutti sono capaci di complicare. Pochi sono capaci di semplificare. Voltaire diceva: «Giudicate un uomo dalle sue domande più che dalle sue risposte». Ecco, nel tempo ho capito che questa massima è applicabile anche ai giornalisti, o ai comunicatori di mestiere. Anzi, andrebbe estesa così: «Giudicate una persona dalle sue domande e dall'efficacia della sua scrittura».

È anche vero che spesso la scrittura stessa viene vissuta come una performance da affrontare al pari di una prova olimpica. Di fronte al cosiddetto «foglio bianco» iniziamo a impersonare lo stesso colorito: pallido! Perché dunque temiamo così fortemente il giudizio di chi dovrà leggere quanto abbiamo scritto? Credo essenzialmente per due motivi. Il primo risale alle scuole superiori, è una sorta di retaggio dei compiti in classe di italiano, dove regolarmente portavo a casa un «cinque al sei» (ma che voto è «cinque al sei»...??). Il secondo è che *verba volant, scripta manent*:

> La locuzione latina *Verba volant, scripta manent*, tradotta letteralmente, significa le parole volano, gli scritti rimangono. Questo antico proverbio, che trae origine da un discorso di Caio Tito al senato romano, insinua la prudenza nello scrivere, perché, se le parole facilmente si dimenticano, gli scritti possono sempre formare documenti incontrovertibili. D'altro canto, se vogliamo stabilire un accordo, è meglio mettere nero su bianco, piuttosto che ricorrere ad accordi verbali facilmente contestabili.
>
> Wikipedia

Per questioni professionali, dovendo necessariamente «mettere nero su bianco» le nostre parole, è comprensibile che di fronte a presentazioni, preventivi, lettere e relazioni, tu ti senta spinto a ordinare camomille e tisane rilassanti. «Esco un attimo, la scrivo dopo!» diceva sempre un mio collega di agenzia, molto più bravo con la grafica o con la programmazione html. Probabilmente camminare lo aiutava a ravvivare l'ispirazione (funziona anche con me!). Qualcun altro invece cercava di barattare la scrittura delle temibili cinque slide con una fornitura di caffè serviti direttamente al tavolo (cioccolatino compreso!).

La scrittura non è solo un gesto creativo

Battute a parte, invece di aggirare l'ostacolo, affrontiamolo insieme. Non c'è nulla di proibitivo nell'assimilare le basi della scrittura professionale. Non è difficile come studiare il tedesco o il cinese, come allenarsi a correre in salita o prenotare un traghetto in pieno agosto. «Si-può-faaa-reee...!» direbbe il dottor Frederick

Frankenstein. A patto però di sfatare immediatamente un mito che persiste fin dai tempi delle scuole medie. Quello che vorrebbe classificare la scrittura come un gesto creativo e artistico: ovvero «esclusivamente istintivo». Nulla di più falso. «Chi sa scrivere, scrive di getto» ho sentito dire innumerevoli volte nel corso degli anni. «C'è una cosa che ho sempre invidiato ai giornalisti» mi disse una volta un amico. «Ma come fate a scrivere così velocemente?»

A scuola ci hanno sempre spinto a scrivere d'impulso. Raramente ho conosciuto professori che si soffermano sull'importanza di saper pianificare un testo, organizzare le informazioni, revisionare una pagina con la stessa attenzione che avrebbe un editor di una casa editrice. Capisco bene che, se per qualcuno questa mansione costituisca un piacevole diversivo, per altri possa essere un onere poco gradito. Ma la scrittura non è, in ogni caso, un'attività da prendere sottogamba.

In questa sede metteremo da parte le finalità letterarie e narrative. Chi scrive poesie, racconti e romanzi (per diletto o professione) può permettersi di lasciare libera la briglia dell'istintività e rovesciare sulla pagina ogni genere di «licenza poetica». Altra cosa è la scrittura professionale.

Afferma Luisa Carrada, nel suo imperdibile saggio *Il mestiere di scrivere*:

> Siamo una text generation, che lavora, impara e comunica soprattutto leggendo e scrivendo. Tutti, non solo i comunicatori: impiegati pubblici, insegnanti, artigiani, consulenti. La battaglia per l'attenzione si combatte sempre più con le parole, ma la scrittura non è affatto considerata una competenza democratica e di base come la lettura. Fa parte del mondo della creatività e delle belle lettere, non la si studia come una competenza che aiuta a pensare, a organizzare il proprio lavoro insieme ai pensieri, a comunicarlo e farlo apprezzare ad altri [...].

È vero. Non si pensa alla scrittura come a uno strumento per progredire nella professione, in qualunque professione. È un peccato. Eppure ogni testo che viene prodotto in ambito lavorativo ci svela qualcosa del suo autore, ne riflette la personalità e la competenza. Di fatto, offre a chi legge un'immagine piuttosto precisa dell'approccio al lavoro di chi scrive.

Scrivere bene fa vendere

Vedremo più avanti quanto la scrittura sia uno strumento persuasivo per eccellenza. Spesso molto più della parola, delle immagini o del linguaggio del corpo. Però va subito detto che la scrittura è (anche) uno strumento di marketing, il cui obiettivo è di stabilire una relazione e indurre un'azione. Definiamola un'attività *dinamica*.

È facile capirlo. Ripensa a quell'email inviata questa mattina a quel potenziale cliente: non credi che, anche attraverso una semplice lettera digitale, il tuo interlocutore si sia fatto un'idea di te, della tua impresa, del tuo senso di chiarezza e correttezza? Dunque, non è necessario innamorarsi troppo della propria scrittura.

Molti pensano: «In questa email ho spiegato davvero tutto!». Ma non è detto che per il destinatario sia lo stesso. Potrebbe non aver capito o, peggio ancora, non aver individuato l'obiettivo della tua comunicazione. In base ai principi che regolano il *business writing*, la responsabilità non è sua. È di chi ha scritto. Inutile buttare in campo il presuntuoso «non hai capito»: se desideri giungere a un risultato, sarà molto meglio giocarsi il più conciliante «non mi sono spiegato bene».

Un tempo si credeva che il perno della comunicazione fosse lo scrittore (inteso come giornalista, copywriter, redattore di casa editrice, comunicatore d'impresa, curatore di contenuti per il marketing). A nessuno importava più di tanto il punto di vista del lettore. Oggi, invece, chi legge è piombato al centro della scena. Una sorta di rivoluzione copernicana che ci aiuta a scrivere «pensando agli altri», a intercettare le aspettative, a sintetizzare e semplificare ciò che informa, serve e persuade il lettore. La generazione *duepuntozero* ha reso saldo questo principio di comunicazione.

Regola numero 1: definire gli obiettivi

Entriamo dunque nel vivo della questione. Da qui in poi è mia intenzione riassumerti alcune conoscenze pratiche assimilate nel corso degli anni, sia sul fronte giornalistico sia su quello della comunicazione d'impresa. Prima di metterti a scrivere qualsiasi documento (una presentazione per un workshop, un'email commerciale, un progetto, una lettera al personale) è molto importante che tu definisca una serie di azioni di base che ti spingeranno verso un ottimo risultato.

Pianifica il testo e ordina le informazioni:
solo a questo punto potrai procedere alla fase di scrittura.

La domanda da farsi, prima ancora di prendere in mano una penna o accendere il computer, è la seguente: perché sto scrivendo? I motivi possono essere molti: devo esigere un pagamento? Devo informare i miei clienti su una certa novità? Devo sollecitare un intervento creativo o logistico? Devo diramare un comunicato stampa o una convocazione di assemblea?

Non sottovalutare questo aspetto, relegandolo a un'attività di pochi secondi. Molto spesso, invece, sta proprio qui la chiave dell'efficacia o meno di un testo scritto. Se non hai chiaro in mente ciò che dovrà fare la persona che ti legge, come potrai organizzare le idee e mettere per iscritto una corretta sequenza di informazioni?

Obiettivo e reazione

Chiariamo bene anche la differenza tra obiettivo e reazione. L'obiettivo è lo scopo che vuoi raggiungere attraverso la scrittura di un testo. Spesso può essere un obiettivo di marketing far accettare un preventivo, o vendere 10 pacchetti turistici inviando una newsletter a 200 potenziali clienti.

La reazione è invece l'azione fisica che induce al raggiungimento dell'obiettivo stesso. È la conseguenza. È la risposta affermativa al preventivo. È l'invio di una caparra per acquistare il pacchetto turistico di cui sopra. È molto importante che tu possa visualizzare questa sequenza nella tua mente in fase di pianificazione del testo.

Torniamo per un attimo all'obiettivo. Ci sono due grandi famiglie di obiettivi nell'ambito della scrittura professionale. Tralasciando i casi «artistici» (la scrittura di canzoni, poesie e romanzi) e personali (emozioni riservate a una cerchia di familiari, innamorati o amici), di fatto si scrive per dare o richiedere informazioni (aziendali, giornalistiche) oppure per convincere un pubblico (marketing, pubblicità, materiale promozionale).

Qualche esempio? In ambito informativo, pensa a:

- una pagina web che descrive una lista di servizi;
- un'email dove stai chiedendo a un cliente se ha ricevuto i tuoi prodotti;
- il libretto di istruzioni del cellulare;
- le slide di presentazione di un'impresa concorrente.

Qui essenzialmente l'obiettivo era quello di trasferire nuove informazioni. Viceversa i toni del tuo documento saranno più persuasivi nel momento in cui vorrai non solo informare, ma anche convincere qualcuno a compiere una determinata azione:

- rispettare i tempi di consegna;
- valutare la convenienza di un nuovo articolo in uscita;
- accogliere la proposta di iscrizione a una causa benefica.

In entrambi i casi è indispensabile che tu abbia un'idea chiara e lucida di cosa il lettore dovrà fare una volta compreso ciò che gli hai scritto.

Le caratteristiche di un obiettivo

Concentriamoci per un attimo su come debba essere l'obiettivo del tuo testo. Sicuramente specifico. Più sarai specifico, e dunque meno generico, più dall'altra parte il lettore non dovrà affaticarsi per capire cosa gli stai comunicando. Prendo un caso tutto sommato reale.

Immaginiamo che io stia scrivendo una lettera a tutti gli iscritti di un'associazione di categoria per informarli che ho messo a punto un nuovo seminario sullo «Storytelling e la scrittura per i social network».

Se il mio obiettivo fosse effettivamente «Voglio informare gli associati sull'esistenza di un seminario sullo storytelling», otterrei un risultato troppo generico. L'obiettivo sarebbe tutt'altro che specifico, ognuno potrebbe assimilare un'informazione diversa. C'è chi penserebbe che la mia email vuole:

- informare sul tipo di pubblico a cui è rivolto il seminario;
- informare sulla data del corso;
- informare sulla sede dove si svolge il seminario;
- informare sul programma;
- informare sulle modalità di iscrizione.

A valle di tutti questi propositi, il mio testo rischierebbe di dire un po' di tutto, senza davvero generare un'azione specifica da parte dell'associato, in questo caso potenziale cliente. Che cosa, allora, desidero che il mio lettore faccia una volta letta l'email? Il desiderio è che si iscriva al mio seminario. E quindi il contenuto dell'email dovrà essere focalizzato su quell'obiettivo, dovrà seguire una sorta di «stella polare» che lo orienti a comunicare quella specifica informazione. In parole povere, va ristretto il campo aumentando i parametri.

Come posso allora compiere un passo avanti per guidare meglio il mio proposito di marketing? Ridefinendo l'obiettivo. Proviamo così:

- voglio convincere l'associato a prenotare la sua iscrizione al corso del 12 aprile.

Come vedi, qui l'obiettivo non è più passivo. Prima mi ero genericamente concentrato sul mio corso, senza suggerire alcuna azione. Ora invece ho definito l'obiettivo in maniera attiva, con l'idea di suscitare una reazione da parte del destinatario. Scriverò un testo non solo per informare, ma anche per persuadere a fare qualcosa. Anzi, posso fare di meglio:

- voglio convincere il 30 per cento di associati a prenotare l'iscrizione al corso del 12 aprile, compilando il modulo linkato in fondo all'email.

E ancora:

- voglio convincere il 30 per cento di associati a prenotare l'iscrizione al corso del 12 aprile, compilando entro il 10 marzo il modulo linkato in fondo all'email.

Così iniziamo a ragionare! Non potrò più dilungarmi nella scrittura, raccontando «la rava e la fava» con lunghe introduzioni e ampie divagazioni storiche. I miei sforzi si concentreranno per selezionare e organizzare solo quelle informazioni che rispondono all'obiettivo stabilito. Finalmente specifico.

L'email potrebbe essere grosso modo scritta così:

Gentile associato,

per aiutarti a presentare e promuovere la tua attività in maniera efficace e convincente, ho il piacere di consigliarti l'iscrizione a un seminario sullo storytelling che si terrà nella tua città il prossimo 12 aprile.

Con l'uso dello storytelling, ti fornirò gli strumenti per uscire dalla logica della comunicazione tecnica «prodotto-servizio» e puntare invece sul valore del CONTENUTO, *delle* PERSONE *e delle loro* STORIE. *Con conseguente aumento dei clienti e dei profitti.*

Compila subito il modulo che trovi in questa pagina: avrai il tuo posto prenotato nella sala dell'hotel Benessere di Roma, dalle 10 alle 19 del 12 aprile. Se prenoterai entro il 10 marzo, riceverai gratuitamente via email lo «Storytelling Kit» per esercitare le tue competenze narrative!

Ti aspetto in sala,

Alessandro

Molto meglio, no? Allenati quindi a rendere specifici gli obiettivi della tua comunicazione. E non solo specifici. Ci sono altre due caratteristiche che vanno tenute in considerazione:

- l'obiettivo deve essere realistico;
- l'obiettivo deve essere raggiungibile.

Non «sparare» dunque mete irrealistiche («voglio iscrivere TUTTI gli associati») o irraggiungibili («voglio completare le iscrizioni entro 24 ore»). Insieme alla specificità dell'obiettivo, tieni quindi presente queste altre due caratteristiche: realisticità e raggiungibilità.

Nel prossimo capitolo parleremo di destinatario: come definirlo in maniera efficace?

E ora tocca a te!

Parti da questa frase:

Il mio obiettivo è ______________________

Elenca una serie di obiettivi inerenti a un'email o a un documento che dovrai scrivere domattina. Elimina man mano quelli che ti sembrano privi delle tre caratteristiche che abbiamo delineato insieme. Ricorda: mantieni solo gli obiettivi SPECIFICI, REALISTICI e RAGGIUNGIBILI.

VII

Destinatario: a chi stai scrivendo?

«Bisogna partire dall'esperienza dell'utente e poi pensare alla tecnologia, non il contrario.»

Steve Jobs

Più conosci il tuo destinatario, più diventa facile scrivere. Più è indefinito e sconosciuto, più aumentano le difficoltà. Se non sai molto della persona a cui stai scrivendo, dedica buona parte della pianificazione di un testo a cercare di approfondire le sue caratteristiche.

Una comunicazione che parla al pubblico sbagliato può avere diversi risultati. Nel migliore dei casi è inefficace; nel peggiore provoca effetti negativi danneggiando l'immagine di chi scrive.

Qualche mese fa ho curato come editor un libro intitolato *Vendita 3.0*. In questo breve saggio dedicato alla «scienza di far comprare», l'autore Andrea Grassi analizza i cambiamenti avvenuti nell'ultimo secolo in ambito di imprenditorialità e comunicazione d'impresa. L'aspetto di cui tenere conto è che, in pochi anni, si è passati dal «marketing del monologo» – una strategia monodirezionale dove le aziende facevano spot televisivi, affissioni, campagne pubblicitarie su stampa e Web – al cosiddetto «marketing del dialogo».

Una volta chiariti gli obiettivi della propria «comunicazione 2.0», le imprese hanno iniziato a ripensare i contenuti del marketing alla luce dei nuovi scenari digitali: «Come possiamo raggiungere, in maniera rinnovata ed efficace, i nostri destinatari?». Due gli elementi che tu stesso puoi considerare:

- Chi è effettivamente il mio destinatario?
- Che livello di informazioni possiede sull'oggetto della mia comunicazione?

Un esempio concreto risale al 1998, quando la Apple lanciò il nuovo iMac semitrasparente. Come sempre in quegli anni, era Steve Jobs in persona a svelare le sue creazioni, partendo dai motivi per cui quel singolo prodotto era stato pensato. Dietro alla nascita di quel computer c'era un'analisi accurata delle esigenze del cosiddetto «mercato di riferimento».

> Anche se si tratta di un Macintosh con tutte le carte in regola, lo abbiamo pensato per gli utenti che ci hanno chiesto un computer per accedere a Internet in modo semplice e veloce. Lo abbiamo pensato anche per lo studio: è questo quello che vogliono comprare. È perfetto per la maggior parte delle cose nel mondo della scuola...
>
> *The First iMac Introduction*, YouTube

Ricorda che chi legge i tuoi contenuti ha bisogno di essere informato e istruito. Meglio ancora se riuscirai a farlo divertire mentre sta imparando qualcosa sul tuo servizio o prodotto. Il pubblico vuole conoscere la risposta alla domanda più importante di tutte (quella che da sola potrebbe riassumere l'intero libro che stai leggendo): «Perché dovrebbe interessare proprio a me?». Rispondere subito ti aiuterà a catturare l'attenzione del lettore. Non essere timido: se il tuo prodotto aiuterà i tuoi clienti a guadagnare, faglielo sapere. Se renderà uno specifico compito più semplice (o piacevole), diglielo. Se li aiuterà a spendere di meno, comunicaglielo subito, ripetendolo più volte e in modo chiaro.

*Non lasciare che sia il tuo lettore a indovinare.
Prima ancora di illustrare le caratteristiche
del tuo servizio spiega i vantaggi e i benefici
che deriveranno dall'esperienza
di utilizzare il servizio stesso.*

Conoscere il tuo pubblico

Una comunicazione che sta parlando al pubblico sbagliato può seriamente danneggiare l'immagine di chi scrive. In questo caso, la tua. Diciamo che, oltre agli effetti negativi, può come minimo risultare inefficace. Hai presente quei siti web aziendali, un po' vecchio stile, che preferiscono tenere nascoste le informazioni realmente utili? Li riconosci perché sono infarciti di «Azienda leader nell'installazione e montaggio», «Ci distinguiamo per la qualità dei materiali», «Siamo pronti a rispondere a ogni esigenza». Autoreferenziali allo stato puro. Brochure infarcite di frasi fatte e paroloni tecnici, comprensibili a un pubblico di addetti ai lavori, che inducono un lettore medio ad affermare: «Qui non si sta parlando di me!». Con l'aggravante, in certi casi, di espressioni in lingua inglese come *cloud solution, image consulting, creative Development*.

Come minimo, chi ha scritto questi testi non è riuscito a farsi la domanda più importante: «A chi sto scrivendo?», «Quali esigenze ha realmente la persona che, dall'altra parte, sta leggendo le mie informazioni?». Partendo dalle esigenze, potrai fare ancora un passo in avanti:

- Che tipo di problemi vuole risolvere?
- Quali implicazioni possono nascere nel non risolvere quel problema?
- Che genere di soluzioni sta cercando tra le righe della mia email?
- Che tipo di benefici possono nascere per lui dalle informazioni che gli sto fornendo?

Prima di iniziare a scrivere, devi concentrarti per qualche minuto su questi punti decisamente cruciali. Meno conosci della persona a cui stai scrivendo, maggiore è il tempo da dedicare a questo genere di analisi.

Lo stile della tua scrittura è migliorabile strada facendo.
Ma l'aver sbagliato il target in partenza renderà
il tuo testo inefficace e difficile da recuperare.

Che cosa sai di lui? Inizia a fare delle ipotesi sulle caratteristiche del tuo lettore: età, sesso, provenienza geografica, luogo di residenza, professione, titolo di studio, capacità linguistiche, abitudini di lettura, interessi professionali e generali, probabili opinioni su temi collegabili all'oggetto della tua comunicazione.

Ti consiglio un esercizio che mi è spesso utile. Con la pagina bianca davanti (a volte parto da un foglio di carta che riempio di appunti in maniera analogica) immagino di essere di fronte al mio destinatario e di cominciare a fargli delle semplici domande generiche. Di fatto, si tratta di un'intervista, uno strumento semplice e universale che ci aiuta a tracciare un vero e proprio identikit:

- Si tratta di un consumatore a cui voglio far assaggiare un mio prodotto?
- È un collega a cui richiedere il report dell'ultima riunione?
- È il responsabile marketing di un'azienda che dovrò visitare la prossima settimana?
- È il mio superiore a cui desidero chiedere un aumento di stipendio?
- È un fornitore a cui dovrò proporre una formula di pagamento diversa?

Parti dalle informazioni che già conosci e inizia a tracciare una scaletta sul tuo foglio. Meglio ancora se sei abituato a disegnare delle vere e proprie mappe mentali. In parallelo, inizia a navigare in Rete e nei social network, salvandoti su un file le notizie utili a delineare con precisione le caratteristiche del tuo «uomo».

Case history: il target turistico

A inizio 2014 ho curato i contenuti editoriali di un cliente proprietario di un residence di alto livello, vicino al centro di una grande città. Il fulcro di tutto il lavoro preliminare di analisi della comunicazione è stato il ragionamento sulle diverse tipologie di target.

E sì, perché una struttura di quel genere viene scelta da almeno tre differenti gruppi di persone:

- l'uomo o la donna d'affari;
- le coppie in soggiorno romantico;
- le famiglie in gita turistica.

Segui bene l'attività che abbiamo svolto dietro le quinte, prima ancora di iniziare a scrivere una sola riga di testo!

Siamo partiti dal pubblico «business», ovvero dalle persone impegnate in missioni professionali. Abbiamo chiacchierato a lungo con i proprietari e con i responsabili della reception per farci raccontare i comportamenti, le abitudini, le richieste più specifiche di questa particolare tipologia di clientela. L'uomo o la donna d'affari che, per impegni di lavoro, utilizzano questo residence come base produttiva per le loro attività, scelgono un appartamento come fosse una «postazione desk», ma anche come «ufficio di rappresentanza» per ricevere clienti e fornitori. Ci è stato spiegato che l'ampia zona living consente infatti di gestire riunioni operative con la giusta dose di privacy. Altre domande avevano poi come scopo quello di delineare meglio anche una serie di esigenze extraprofessionali. È venuto fuori che di norma, al termine delle fatiche lavorative, il cliente business ama dedicarsi ad attività di vario genere, come una corsa in un vicino parco o una seduta di ginnastica in palestra. Abbiamo quindi immaginato il nostro destinatario all'ora della cena, pronto e tonificato per una serata a teatro, preceduta da una sosta nei sapori di un tipico ristorante locale.

Inizi a capire come sia più facile concepire un testo per un target di cui si conoscono i minimi particolari?

Passiamo ora a esaminare la seconda tipologia di destinatario: quella che utilizza il residence come base per un soggiorno «romantico». Qui l'elemento privacy è molto forte, perché di norma la struttura stessa garantisce una maggiore autonomia e discrezione rispetto a quella di un hotel. Qui le persone entrano ed escono dall'appartamento come se fossero a casa loro, senza interferenze da parte di personale della reception o portieri notturni.

È scontato, quindi, che queste caratteristiche – emerse grazie all'analisi preliminare – saranno fondamentali al momento della scelta dei contenuti da proporre. La domanda a cui abbiamo cercato di dare risposta era più o meno questa: «Quale genere di informazioni saranno decisamente utili a una coppia (sposata, fidanzata) che intende trascorrere un intenso weekend (o un periodo più lungo) con la giusta dose di relax?».

Ovviamente qui il nostro testo ha puntato a sviluppare argomenti come:

- Dedica la tua serata a un'affascinante passeggiata in riva al fiume.
- Visita quella collina da dove si domina l'intera città.
- Colora il tuo quadro di passione attraverso concerti, libri, cinema e divertimenti serali.
- Tuffati nelle eleganti strade commerciali del quartiere.
- Esplora le vie illuminate del centro cittadino, con i loro caffè storici, ricchi di prelibatezze e aromi d'altri tempi.

L'ultimo target su cui elaborare parte della comunicazione era quello delle famiglie con figli, solitamente abituate a soggiornare per lunghi weekend, ponti, festività. O in occasione di eventi ludici particolari, come i concerti di famose popstar o gli incontri sportivi di livello internazionale.

Qui si è aperta tutta la filiera di informazioni culturali comprendenti l'elenco dei musei (per grandi e piccini), la visita ai monumenti o ai «templi» dello shopping (mai farsi sorprendere senza gli orari dei grandi centri commerciali!) e la mappa dei parchi cittadini, con ampi spazi dove far «sfogare» i bambini. Il tutto corredato da notizie sugli eventi stagionali (mercatini, fiere, ristoranti tipici) e possibili itinerari turistici extraurbani.

L'analisi del destinatario è la tua bussola

Come avrai ampiamente compreso, senza tutti questi ragionamenti preventivi i nostri contenuti sarebbero nati privi di bussola. Il rischio di scrivere intere pagine di testo di nessun interesse per i potenziali clienti avrebbe reso inutili le nostre fatiche. E soprattutto avrebbe creato un danno concreto alle finanze del cliente.

Per questo ti consiglio di compilare una vera e propria «scheda destinatario», dove appuntare – e poi scrivere in bella copia –

tutte le informazioni, generiche e specifiche, che possono aiutare la navigazione del tuo testo. Finalmente scriverai con la luce accesa, e con la sicurezza che il risultato non tarderà ad arrivare.

Non dimenticare – all'interno della tua scheda – di riservare un box al «livello di informazioni» possedute dal cliente. In pratica, devi capire bene quanto e che cosa lui conosca della tua attività, della tua impresa, dei prodotti e dei servizi che stai per comunicare. Sono d'accordo con la tua possibile obiezione: non è sempre facile prevedere le notizie di cui dispone una persona! Ma un generico schema di riferimento potrà aiutarti a classificarlo in maniera più precisa.

Anche qui tornano utili le domande:

- Il mio lettore è esperto nella materia?
- Ha preferenze per informazioni di tipo tecnico?
- È una persona abituata a decidere? È un manager o un dirigente?
- Potrebbe essere totalmente inesperto sugli argomenti trattati?
- Sarà lui a utilizzare questo prodotto/servizio o si sta informando per altri?

Come vedi, in base a queste informazioni sul destinatario potrai effettivamente decidere a che livello di approfondimento scendere con i tuoi contenuti. Qualche esempio?

- Al lettore esperto non servono lunghe introduzioni o elementi secondari: lui conosce già il valore di quanto stai proponendo. È interessato alle novità, a ricevere da te notizie aggiornate e affidabili. Vuole capire i vantaggi: non annoiarlo con dettagli vuoti e frasi inutili. Presentagli subito i benefici, poi avrai tempo per approfondire.
- Devi scrivere a un manager, a un dirigente che ha il potere decisionale? Solitamente queste sono persone che non possiedono grandi conoscenze tecniche. Alcuni manager possono essere più o meno specializzati, ma è fondamentale che tu conosca di quale settore si occupano. Decideranno dal punto di vista amministrativo, legale o economico? Saperlo ti permetterà di orientare la tua comunicazione: se scri-

vi al responsabile degli Acquisti, parla di costi ridotti e di maggiori guadagni!
- Stai preparando una presentazione per un imprenditore? Normalmente chi sta a capo di un'azienda ha bisogno di elementi che lo aiutino a prendere una decisione velocemente. Il tempo in generale è poco, pochissimo quello da dedicare alla lettura. Occorre dunque sintetizzare il più possibile i benefici e presentarli nella prima parte del tuo testo o documento che sia. Non dimenticare (se sono funzionali) i dati numerici, le statistiche: informazioni che l'imprenditore si «rivenderà» al suo interno o che gli serviranno per fare analisi comparative di mercato.
- Hai davanti a te un'email da inviare a un destinatario «tecnico-operativo»? In questo caso sappi che chi ti leggerà ha una competenza simile al lettore esperto, ma ancora più focalizzata sugli aspetti pratici. Sarà attento alla descrizione dei materiali (se si tratta di un prodotto) o alla logistica (se si tratta di un evento) o ancora alle coperture finanziarie (se si tratta di qualcuno che maneggia fisicamente denaro, come un funzionario di banca).
- C'è poi, tra i molti che potremmo enumerare, anche l'interlocutore poco esperto (o per nulla esperto). Qui c'è il serio rischio non solo di annoiarlo, ma peggio ancora di spaventarlo. Se scriverai pagine intere di informazioni tecnico-pratiche sul tuo prodotto/servizio, ricorda che lui non sarà quasi mai disposto a investire decine di minuti in energie fisiche per leggerle: troppo tempo, troppo sforzo intellettuale! Fornisci allora notizie semplici, con benefici chiari e immediati. Anche graficamente aiutalo a capire velocemente: titoli grandi e leggibili, colori evidenti, un percorso di lettura per orientarsi sugli aspetti più importanti.

Semplice non vuol dire banale

Dopo essere entrati a pieno regime nella fase di pianificazione di un testo efficace (se nel capitolo precedente avevamo imparato a definire gli obiettivi di comunicazione, in questo abbiamo capito come descrivere il destinatario) vorrei specificare un aspetto, prima di indicarti un paio di esercizi da svolgere.

Alla luce di alcune classiche tipologie di destinatario che abbiamo appena individuato (lettore esperto, manager, dirigente, imprenditore, tecnico-operativo, poco esperto), ricorda che nella scrittura professionale c'è sempre un modo per non sbagliare. Quello che in gergo tecnico viene chiamato «scrivere per gli stupidi». Senza offendere nessuno, stiamo parlando di un interlocutore non particolarmente esperto, né preparato dal punto di vista tecnico e in generale poco sveglio. È per noi soltanto un punto di riferimento: se capisce lui, comprenderanno tutti.

Se scrivi per un architetto
o per un professore universitario,
lo stupido non capirà.
Se scrivi per lo stupido,
il professore universitario capirà comunque.

Non metterti adesso a trattare i tuoi lettori come persone tarde di comprendonio: scrivere in maniera semplice non significa banalizzare un testo. È solo un termometro per essere sempre consapevoli che lo sfoggio di termini tecnici non aiuta la comprensione generale. Non puoi scrivere per una minoranza che ti capirà (e gli altri? Pazienza!). Invece dovrai sforzarti di comunicare anche per il destinatario meno abile ad afferrare al volo le tue informazioni.

Potresti chiederti: ma allora gli esperti non si annoiano a leggere un linguaggio troppo semplice? Non rischiamo di perderli come lettori? Di abbattere il loro livello di interesse? Domanda legittima! Vuoi sapere come ho risolto alcune volte questa «impasse»? Creando un percorso di lettura a diversi livelli: più ne sai e più puoi trovare un'informazione complessa e articolata.

Vedremo nei capitoli successivi alcuni esempi di storytelling applicato alla comunicazione di un evento. È una modalità davvero potente di cui oggi le aziende dispongono per raccontare al pubblico i fatti che le riguardano. In queste strutture di contenuto troviamo spesso una parte introduttiva più semplice e immediata (che arriva a tutti), un corpo narrativo che trascina il pubblico all'interno di una storia, una serie di box di approfondimento per i lettori più tecnici ed esperti e, infine, una serie di immagini, video, storify o infografiche che aiutino anche il target meno evoluto a farsi comunque un'idea complessiva della materia.

Hai notato come anche i giornali quotidiani cartacei – oggi in forte concorrenza con Internet – si siano adattati a venire incontro al lettore, aiutandolo con immagini grafiche, sommarietti modello Twitter, foto-notizie e titoli molto più esplicativi? D'altronde il tempo ormai è poco. E l'attenzione del tuo lettore va attirata nell'arco di pochi secondi.

E ora tocca a te!

Prova a esercitarti nel definire i destinatari della tua comunicazione. Immagina di essere il titolare di una piccola cartoleria, che ha appena aperto la sua attività in un quartiere semicentrale di una grande città. Hai bisogno di stampare dei volantini per far conoscere il tuo negozio.

- Chi saranno i tuoi potenziali clienti? Compila la tua «scheda destinatario» con tutte le informazioni utili a orientare la comunicazione del messaggio. Ti ricordo che non è sufficiente scrivere «studenti», «segretarie», «nonni».

Fai invece un'analisi più approfondita. Dove abiteranno le persone che passano davanti al tuo negozio? Risiedono nel quartiere o invece arrivano con l'autobus che ferma a pochi metri? Che abitudini avranno? Che tipo di problemi o esigenze (scolastiche, lavorative, ludiche) potrai risolvere con i tuoi prodotti? Quelli che passano di sabato sono gli stessi dei giorni feriali? In estate avranno gli stessi interessi che d'inverno? Chi sarà maggiormente colpito dal tuo volantino: un ragazzo/ragazza, un genitore, un nonno, un professionista che ha lo studio a un isolato di distanza, gli altri commercianti della zona?

Come vedi, l'analisi può partire grazie a un misto di capacità di osservazione, intuizione e creatività. Se proprio sei a corto di concentrazione, puoi sempre mettere la faccia tosta del giornalista e andare dalla tua cartolaia di fiducia per farti raccontare dal vivo che genere di persone bazzicano dalle sue parti!

Di fatto, descrivi meglio possibile i tuoi clienti potenziali e organizza queste informazioni per preparare il testo del tuo volantino. Nel prossimo capitolo vedremo e capiremo come scriverlo in maniera più strutturata.

VIII
Organizza le fonti (e le idee)

«Avere qualcosa da dire è il primo passo:
e senza un primo passo non si va da nessuna parte.»

Beppe Severgnini

Era molti anni fa. Erano passate da poco le 21 di una sera d'estate, calda e afosa. Da reporter di una radio locale, ero nel palazzo del Municipio dove si era appena concluso lo spoglio per un referendum a livello territoriale. Mancavano pochi minuti alla diretta: da studio, via telefono cellulare, mi avevano chiesto di andare in onda per fare il punto sui risultati appena sfornati. Avevo una decina di minuti per riordinare le idee e gli appunti. Giornalisticamente (ma anche anagraficamente) ero molto giovane. L'entusiasmo e il panico viaggiavano a corrente alternata. Le malizie e i trucchi del mestiere sarebbero arrivati un po' più avanti.

Seduto al mio fianco, un collega di una televisione regionale era anche lui in procinto di collegarsi in diretta: da lì a breve avrebbe dovuto parlare di fronte a una telecamera, riassumendo le informazioni più importanti, sorridendo e magari intervistando qualcuno al volo. Lo guardai mentre rapido, sul suo quadernetto tascabile, buttava giù una scaletta con le quattro o cinque notizie essenziali per gestire quel collegamento. Poi, come se nulla fosse, si mise a chiacchierare con una bellona di passaggio che aveva già puntato dall'inizio dello spoglio.

Mi chiesi: ma come fa a essere così tranquillo? Oltretutto non aveva solo un microfono da fronteggiare: doveva affrontare una diretta tv…! Andò a finire che riuscii a farfugliare qualcosa al volo, portando a casa tutto sommato il minimo risultato (va detto che spesso, in radio, la concitazione rende ancora più veritiero e narrativo il collegamento...). Lui, tranquillo come una Pasqua, andò – come si dice in gergo – a braccio, snocciolando risultati, dichiarazioni, umori della folla e note di colore. In una parola: tirò fuori il mestiere senza sforzo apparente. Qual era, ti starai chiedendo come mi chiesi io allora, il trucco dietro le quinte? Era solo esperienza e allenamento oppure esistevano delle strategie che in ogni caso aiutavano a riportare la nave in porto?

Chiunque deve scrivere per motivi professionali – e questo l'ho capito sempre più nel tempo – ha a che fare con il fattore tempo. Non sono solo i giornalisti ad avere l'ansia della lancetta che scorre. Anche quando ti tocca inviare un'email importante, una presentazione per l'evento del giorno successivo o un SMS al tuo responsabile per comunicargli una decisione appena presa, l'adrenalina può giocare brutti scherzi. Vanno dunque studiate le contromisure per farsi trovare preparati.

Innanzitutto, come già accennato nei capitoli precedenti, prima di scrivere un contenuto dobbiamo organizzare il testo in generale. Abbiamo già capito l'assoluta importanza dei primi due passaggi:

- definire gli obiettivi della tua comunicazione (specifici, realistici, raggiungibili);
- definire il destinatario e il livello di informazioni possedute dal destinatario stesso sul tema in questione.

Subito dopo occorre organizzare le informazioni, fare il cosiddetto «lavoro sulle fonti». Banalmente, è fondamentale accertarsi di avere qualcosa da dire. Ecco la differenza tra il giornalista in erba ancora inesperto (io) e il vecchio collega che sapeva perfettamente dove andare a parare! Nella sua testa, le idee non erano affatto vaghe. Sapeva bene cosa avrebbe dovuto raccontare di fronte alla telecamera, e sapeva altrettanto bene come gestire la gerarchia e la tonalità delle notizie.

A scanso di equivoci, possiamo dire che quella è una parte di mestiere relativa non solo alla parola scritta. In quel caso entravano in gioco anche fattori «scenici» come la comunicazione paraverbale (volume, tono, ritmo della voce) e il linguaggio stesso del corpo (espressioni, sguardi, movimenti, postura). Ma restando comunque al semplice aspetto dei contenuti verbali, lui aveva di fatto costruito una solida base su cui appoggiare il discorso: una strategia denominata appunto «organizzazione generale del testo».

La scrittura non è la pura trascrizione delle idee e delle informazioni raccolte e selezionate. La stesura dei singoli punti della scaletta è una prima suddivisione del testo in paragrafi, ovvero in blocchi omogenei, completi e coerenti.

Per qualunque scrittore professionale, quindi anche per te che mi stai leggendo ormai da qualche pagina, il momento della raccolta e dell'organizzazione delle informazioni è uno snodo cruciale. Per un giornalista, il tema delle fonti rappresenta la vera miniera che fa la differenza. Avere accesso a notizie più o meno di rilievo può significare uno «scoop», un lavoro più completo, persino un avanzamento di carriera. La famosa «rubrica delle fonti» di ogni cronista è il tesoro difeso a denti stretti dai rivali della concorrenza, e talvolta anche dai colleghi stessi.

Nel *Business Writer's Handbook*, un popolare manuale di scrittura americano del 1997, gli autori riassumono così la sequenza per organizzare un testo in generale:

- preparazione;
- ricerca;
- organizzazione;
- scrittura in bozza;
- revisione.

Nel fare la scaletta, il mio collega «rivale» della tv locale aveva ordinato i suoi appunti (concetti, numeri, dichiarazioni, note di colore) in questo modo:

- Per prima cosa aveva chiarito a se stesso la rilevanza delle informazioni. Aveva cioè organizzato le notizie in modo da distinguere quelle principali dalle altre, ovvero quelle secondarie o di supporto.
- In secondo luogo aveva deciso (magari anche in accordo con i suoi capiredattori) quale fosse la gerarchia delle informazioni.

Molto spesso – lo vedremo più avanti parlando di tipologie di struttura dei testi – le notizie possono avere un certo ordine: in alcuni casi, in base alla scelta dell'obiettivo e del destinatario, si può partire da quelle più generali e passare poi a quelle particolari. Questo serve di solito a dare a tutti un quadro di riferimento. In altre occasioni si partirà invece da uno spunto preciso, da un dettaglio, per poi allargare la macchina da presa con una sequenza più narrativa.

La ricerca delle informazioni

Diamo per scontato che tu abbia pianificato il tuo obiettivo e abbia definito con precisione le esigenze del destinatario del tuo testo. Per prima cosa devi iniziare a raccogliere le informazioni. Le tue fonti possono provenire da tre grandi famiglie di notizie: quelle personali (frutto della tua esperienza lavorativa), quelle disponibili all'interno della tua organizzazione professionale (azienda, agenzia, università, gruppo di progetto ecc.) e quelle reperibili in Rete attraverso ricerche su Internet e i social network.

Facciamo un esempio. Sei il titolare di un negozio di alta moda. In questo periodo dell'anno devi inviare un'email promozionale per illustrare ai clienti la tua offerta di nuovi modelli di abito da donna per la primavera-estate. I tuoi destinatari sono principalmente donne single o signore facoltose. Il tuo obiettivo è invitare in negozio le clienti per assistere a una sfilata riservata esclusivamente a loro.

Senza ritornare sul tema delle informazioni riguardanti il destinatario (sarà facile per te compilare una scheda con le caratteristiche e le esigenze delle tue clienti più affezionate), dovrai ora concentrarti sul livello di qualità e sulle particolarità degli abiti che intendi presentare. Raccogli notizie sui tessuti, sui materiali, sulla provenienza degli abiti. Immagina una storia dove si raccontano i benefici di altre clienti che in passato hanno già scelto quella tipologia di abito.

Passa poi a fare ricerche su Google per vedere come si comporta la concorrenza, quale linguaggio utilizza, come presentano e valorizzano i loro modelli più recenti. Annotati anche gli aspetti negativi di qualche concorrente: ti servirà per non commettere gli stessi errori! Raccogli infine tutto in un file di testo o in un quaderno per appunti, senza per ora preoccuparti di ordinare le informazioni in base a importanza, gerarchia e notiziabilità. Questo materiale grezzo ti servirà per organizzare la tua scaletta.

E se mi mancano le idee?

Il blocco dello scrittore

Dai lettori del mio blog o da contatti sui social network, ricevo periodicamente richieste di consigli su come superare il blocco dello scrittore. È un tema questo su cui mi diverto con grande creatività anche in aula, durante i corsi che periodicamente organizzo e tengo sugli argomenti trattati in questo libro. Le tecniche per generare idee sono in realtà un ottimo strumento a prescindere dalla scrittura. Servono a chi deve preparare un discorso in pubblico, a chi deve sostenere un esame, a chi è stato sollecitato (magari perché appena assunto in un luogo di lavoro) a portare «nuove idee».

Sei a corto di idee? Comincia a scrivere «dal cuore».
Se inventi una cosa onesta e originale,
creerai qualcosa di nuovo.
E se hai anche un pizzico di fortuna,
anche qualcosa di bello.

Non staremo in questa sede a dilungarci troppo sull'argomento. Ti riassumo alcune tecniche creative che io stesso ho utilizzato nel corso degli anni in quelle giornate poco ispirate, dove però era comunque necessario «partorire» un articolo, una presentazione in PowerPoint o una pagina web per il cliente che dall'altra parte scaricava la posta elettronica ogni tre minuti.

Le mappe mentali

È uno strumento pratico che nasce in ambito scolastico per preparare un'interrogazione o un esame. In campo professionale, può essere l'ossatura analogica di una presentazione in slide, utile anche a strutturare l'indice di un documento, di un'e-mail, di un libro.

Ti invito ora a usare una mappa mentale non tanto come elenco di concetti, quanto come modello grafico per generare nuove idee e sintetizzare un'attività di brain storming. Parti da un tema centrale e, facendo associazioni creative a cascata, inizia a scrivere parole in libertà. L'obiettivo qui è sbloccare la ruggine e scardinare la falsa convinzione di non avere a disposizione un discreto vocabolario sul tema.

Se devo scrivere un'email per organizzare una riunione con la forza vendita, potrò usare una mappa mentale per annotare liberamente tutto ciò che serve a completare l'organizzazione dei diversi passaggi:

- Obiettivo del meeting
  - Presentare alla forza vendita i nuovi prodotti aziendali
- Partecipanti
  - Manager di area, venditori provinciali
- Struttura
  - Video
  - Brainstorming
  - Tavole rotonde
  - Gruppi di discussione
  - Dimostrazioni
  - Coffee break
- Luogo e tempi
  - Sala convention «Eclisse», martedì 15 novembre (ore 10-16)
- Agenda
  - Introduzione area manager
  - Risultati anno precedente
  - Target da raggiungere
  - Nuovi prodotti
  - Testimonial
- Responsabilità
  - Logistica meeting > Alberto
  - Video > Ettore
  - Cartelline + presentazione > Marta (ufficio stampa)

- Conferme
  - Entro 10 novembre numero preciso
  - Brief a responsabile sala convention
- Prove generali
  - Lunedì 14 > ore 9

Il cubo a 6 facce

Tecnica a me molto utile per sviscerare un argomento di cui ho informazioni superficiali e scontate. Per cercare di andare oltre, per stimolare un approfondimento, esamino l'argomento da diversi punti di vista, come se mi trovassi di fronte alle facce di un cubo. Provaci e vedrai che ti aiuterà soprattutto a vincere la pigrizia di una scrittura banale.

Ammettiamo che tu debba scrivere la presentazione di un hotel a quattro stelle. Dopo esserti seduto a tavolino con carta e penna, inizia a sfaccettare l'argomento sotto i diversi punti di vista.

- **Descrivi** – Parti dalle caratteristiche fisiche e oggettive. Dagli elementi che si vedono concretamente. Le dimensioni della struttura, la tipologia dei servizi, il numero di persone che vi lavorano, i materiali con cui è stato costruito, il paesaggio che lo circonda, le strade per arrivare ecc.
- **Analizza** – Ora scendi a un livello di approfondimento maggiore. In quali sezioni possiamo dividere la struttura (camere, ristorante, sale congressi, area sportiva ecc.), chi sono le persone di punta a cui fare riferimento (capo chef, responsabile reception, istruttore sportivo), che programmi presentano, che evoluzioni possiamo aspettarci?
- **Paragona** – Raffronta la tua struttura con altre simili: l'obiettivo è di evidenziare punti di forza, debolezze o somiglianze che la fanno appartenere a uno specifico genere.
- **Associa** – Qui c'è un lavoro più creativo relativo al cosiddetto «concept», alle sensazioni che emergono, alle metafore che potresti utilizzare. Il tuo hotel ti fa pensare alla vita sana, alla tranquillità, al riposo, al buon cibo, allo spirito del viaggiatore, all'energia dello sportivo. Collegamenti più astratti, ma fortemente evocativi. E utili in fase di narrazione.

- **Dai opinioni personali** – Libera (soltanto per schiodare la tua creatività) le tue convinzioni più profonde rispetto all'argomento, in questo caso verso la struttura turistica in questione. Scrivi ciò che ti vede a favore, e per il quale ti batteresti, e cosa invece ti trova contrario, e vorresti eliminare. È un ottimo esercizio che fa emergere gli stati d'animo rispetto a qualcosa di cui dobbiamo scrivere. Meglio evidenziarli in partenza: in seguito, nella foga della scrittura, potremmo non accorgerci di aver accolto o scartato qualche lato importante.
- **Applica** – Questa faccia del cubo riguarda gli utilizzi pratici rispetto all'oggetto in questione. Che benefici possono trarre le persone che saranno ospiti del nostro favoloso hotel?

Le 5 W: ovvero scrivere per farsi leggere

Anticipo qui questa tecnica di approfondimento e organizzazione delle idee che rappresenta un po' il caposaldo della scrittura efficace di taglio giornalistico. Questo blocco, in realtà, avrebbe potuto far parte del capitolo successivo, dove parleremo delle diverse strutture nelle quali possiamo organizzare un testo. Ma ho preferito accennartene subito perché si tratta pur sempre di un buon esercizio per fare ordine e sciogliere il blocco dello scrittore.

La regola ci arriva direttamente dalle redazioni anglosassoni, luoghi dove l'essenzialità e la pulizia della scrittura hanno sempre rappresentato un modello da seguire. Secondo la tradizione giornalistica inglese e americana, chi scrive deve rispondere a queste cinque domande. La regola si chiama delle 5 W perché deriva dalle iniziali di *Who, What, When, Where, Why*. Soltanto dopo aver fornito al tuo lettore questi dati fondamentali, potrai approfondire l'argomento.

«Ascoltami bene, ragazzo. Devi solo scrivere
Chi, Cosa, Quando, Dove e Perché.
Se vuoi mettere un aggettivo, chiedimi il permesso!»

Aneddoto che gira nel mondo del giornalismo

È una tecnica che da un lato ti stimola a sviscerare il tema alle fondamenta e, dall'altro, fornisce al lettore tutte le notizie di cui ha bisogno subito, nelle prime righe, senza portargli via troppo tempo. Se sarà poi interessato, potrà continuare la lettura e saperne di più.

Secondo gli storici, la regola risale all'epoca del telegrafo. Nelle grandi praterie americane la linea cadeva in continuazione: dunque i giornalisti dovevano essere certi che la notizia arrivasse completa prima che la inviassero altri. Per essere sicuri, il primo invio era quello essenziale: i 5 elementi dovevano essere tutti racchiusi nelle prime righe. Nessuna suspense, il lettore doveva capire subito.

Oggi i colleghi delle agenzie di stampa lavorano in parte ancora così. Il primo lancio di una notizia viene dato con poche righe, a volte anche una sola, con la massima sintesi. Questo consente di battere i concorrenti sul tempo. Poi, a distanza di qualche minuto, iniziano ad arrivare gli altri dettagli.

Il metodo delle 5 W è anche noto come il modello della «piramide rovesciata». Si parte dall'alto con l'informazione più rilevante, esposta in poche parole, per poi scendere via via verso il basso, con frasi più ampie e dettagli sempre più approfonditi. La parte più importante di un pezzo è l'inizio, che in gergo si chiama «attacco». Se è ben scritto, il lettore deciderà di andare avanti. L'attacco è come la vetrina del tuo negozio: deve esporre il meglio di ciò che si trova all'interno e convincere il cliente a entrare.

Facciamo un esempio:

> Un ragazzo di 16 anni si è impiccato in un locale del condominio dove si trova l'abitazione dei genitori ad Albissola, nel levante savonese. Il corpo del ragazzo è stato trovato stamani dal padre che lo cercava da qualche giorno. Secondo quanto appreso, il giovane aveva già tentato di uccidersi con i barbiturici qualche mese fa.

Se fai l'analisi di queste poche righe, scoprirai che i 5 elementi ci sono tutti.

- Un ragazzo di 16 anni (Chi)
- Si è impiccato (Cosa)
- Ad Albissola, nel condominio dei genitori (Dove)
- In queste ultime ore (Quando)
- Era depresso avendo già tentato di uccidersi (Perché)

Riassumiamo infine gli elementi della piramide rovesciata, in particolare applicati a un articolo di giornale. Come vedremo nel corso del libro, questa struttura rimane una delle più importanti e utilizzate perché può essere adattata anche a testi generici come un'email, una landing page o un post del tuo blog.

- Titolo
- Sottotitolo
- Attacco brillante (con le 5 W)
- Particolari più importanti
- Nuovi dettagli
- Testimonianze, dichiarazioni
- Dati, dettagli secondari
- Link di approfondimento

E ora tocca a te!

Nel tuo prossimo articolo (o post di blog) comincia ad applicare le informazioni di cui abbiamo parlato. Oppure rielabora un pezzo o una serie di post presi dal tuo blog, da quello di un blogger che ti appassiona oppure direttamente da un giornale.

Ma fai attenzione a quella che resta la regola più efficace di tutte:

Non costringere il tuo lettore
ad arrivare fino in fondo al pezzo
per sapere cosa è successo di importante.

IX
Che struttura do al mio testo?

«Non credi, con tutto quello che c'è in gioco, che le capacità di presentazione dovrebbero essere una delle priorità della vita?»

Jeffrey Gitomer

C'è ancora qualcosa di cui parlare prima di buttarsi a capofitto nella scrittura della nostra prima bozza: occorre avere le idee chiare sulle diverse tipologie di struttura di un testo. Dopo aver raccolto tutte le informazioni, e dopo averle schematizzate sotto forma di scaletta, siamo di fronte a un bivio che in realtà può diventare un... *settivio*! Sette infatti (ma è solo una convenzione perché in materia escono continuamente suggerimenti creativi) sono le diverse strutture tra cui scegliere. Come posso – questa è la domanda – organizzare il mio testo? Quale sarà la forma più utile per raggiungere obiettivi e destinatari?

Ecco cosa scrive Jeffrey Gitomer, autore de *Il libretto verde della persuasione*:

> Appena puoi, vai a vederti il video del discorso *I Have a Dream* di Martin Luther King. Poi fai lo stesso con il discorso inaugurale di John F. Kennedy. Sono due dei migliori esempi di persuasione in una presentazione pubblica.
>
> Il discorso di Martin Luther King dura meno di 20 minuti, ma il suo impatto durerà per centinaia di anni. Lui ha parlato di cosa è stato, cosa è e cosa avrebbe potuto essere. Non solo le sue parole sono state scelte perfettamente, ma sono anche state pronunciate con un'eloquenza e una passione di cui io non ho mai visto uguali. Mi emoziono sempre a risentirlo quando pronuncia la frase «Ho un sogno», che arriva solo nel finale. A quel punto sfida 500mila persone a seguire il suo sogno. E lo fanno.

Anche il discorso di John Kennedy era pieno di sfide. Parlava delle opportunità degli americani e dell'America. Il presidente ha terminato con la provocazione più significativa mai lanciata in un discorso inaugurale: «Non chiedetevi che cosa il vostro Paese può fare per voi. Chiedetevi che cosa voi potete fare per il vostro Paese».

Non ti sto chiedendo di candidarti, ma di sfruttare il potere della persuasione. Studia le presentazioni potenti e persuasive degli altri. Non solo ti ispireranno, ma saranno una pietra di paragone di ciò che tu puoi ottenere.

Ai due discorsi di King e Kennedy suggeriti da Gitomer, ti consiglio di aggiungere il famoso «Stay hungry. Stay foolish» pronunciato da Steve Jobs all'Università di Stanford nel 2005, e ormai straconosciuto da tutti gli utenti della Rete e dei social network.

Gli sforzi e il coraggio non bastano
senza uno scopo e una direzione.

Dietro alla scrittura di questi grandi discorsi c'è un importante lavoro di preparazione, che ci riporta a un tema affrontato nelle prime pagine di questo libro. Ricordi quando parlavo di scrittura contaminata? Oltre a un uso corretto della lingua, chi scrive deve aggiungere ingredienti come la creatività, l'energia, l'umorismo, la capacità di sintesi, la persuasività, il senso narrativo.

Per iniziare a scrivere testi di grande efficacia, bisogna immaginarsi su una linea del tempo:

- Qual è il mio punto di partenza?
- Dove voglio arrivare e far arrivare il mio lettore?
- Quali sono i punti di forza che posso mettere in campo?
- Quali vincoli o resistenze dovrò considerare?

Per questo sarà necessario sperimentare tutte le differenti strutture organizzative che ora ti vado a presentare. Prima di scrivere sarà importante capire quale di queste ti renderà il lavoro più semplice e il risultato più efficace.

Scrittura in sequenza temporale

La scrittura cronologica va preceduta da un'analisi degli avvenimenti. Grazie a questa tipologia di struttura, gli eventi vengono infatti presentati in modo temporale, secondo un'evoluzione dei fatti che tiene conto della sopra citata linea del tempo. È un po' come le istruzioni di un gioco in scatola:

- Per prima cosa, separate le carte nei tre diversi mazzi e lasciate nella scatola quelle con il dorso indicante la parola «Torneo». Queste carte servono solo se volete utilizzare le speciali regole da torneo spiegate più avanti.
- Ogni giocatore lancia i dadi, e chi ottiene il punteggio più alto giocherà per primo, gli altri seguiranno in senso orario. In caso di parità si ripete il tiro.
- Partendo dal primo, i giocatori scelgono a turno il colore dell'esercito che utilizzeranno durante il gioco.
- Chi ha vinto il lancio dei dadi diventa il «Mazziere» e si occupa di distribuire, coperta, una carta «Obiettivo» a ogni giocatore. Dopo la distribuzione, le restanti carte «Obiettivo» vengono riposte nella confezione.

Hai forse riconosciuto a quale gioco si riferiscono queste regole? La scrittura cronologica è dunque ottima per scrivere testi che contengono azioni in sequenza. Tutto sommato, anche il manuale del tuo telefono cellulare risponde a questo criterio. Pensa poi alle presentazioni aziendali che raccontano l'andamento di una produzione trimestrale o alle regole per la sicurezza del personale. Insomma, una struttura lineare e razionale. Di fatto, grande visione temporale in partenza ma poi, in linea di massima, stesura del tuo testo senza troppe complicazioni (o divagazioni).

Scrittura per paragrafi

Qui funziona la divisione per categorie. Un metodo utile a ridurre e suddividere testi lunghi e articolati in blocchi di informazioni più semplici e alla portata di tutti. Tra l'altro, la divisione in categorie consente al lettore di ritrovare velocemente le notizie di interesse, senza perdersi né annoiarsi.

Qualche tempo fa mi è capitato di studiare il bilancio di sostenibilità di una grande azienda multinazionale. In quel caso – essendo un documento di quasi 200 pagine – tra gli autori ha funzionato la logica dello «spacchettamento». Cosa sarebbe invece accaduto se il documento fosse stato scritto in maniera cronologica?

1. Lettera agli stakeholder
2. Carta d'identità
3. Strategia
4. Energia sostenibile per tutti
5. Governance
6. Ambiente
7. Persone e società
8. Appendice

Un esempio simile può essere fatto per un'email. Devi presentare un corso di training autogeno? Ecco come puoi impostare il tuo testo, suddividendo le informazioni in categorie:

1. Saluti
2. Introduzione (vita stressante…)
3. Dettagli soluzione (breve descrizione corso)
4. Tempi (durata del seminario)
5. Modalità (di pagamento)
6. Informazioni (contatti email e social)
7. Saluti di chiusura > *call to action* (prenota il tuo posto entro il…)

Con una simile struttura pianificata in partenza sarà più semplice e lineare scrivere la tua email.

Scrittura per importanza

Parti dalle informazioni più importanti. Quali? Quelle che interessano il destinatario e raggiungono gli obiettivi che abbiamo stabilito. Come forse avrai intuito, questa struttura è simile a quella delle 5 W giornalistiche. Le notizie più importanti vanno messe (secondo la logica della piramide rovesciata) all'inizio del testo. Il lettore in molti casi ha poco tempo a disposizione, e può così decidere se leggere l'intero articolo o fermarsi alle prime righe, tornandoci sopra successivamente.

Osserva come un quotidiano ha introdotto il tema della riforma della pubblica amministrazione:

> Arriva la riforma della PA, che venerdì andrà in Consiglio dei ministri. Lo stop del trattenimento in servizio, la facoltà cioè di rimanere al lavoro per i dipendenti pubblici (magistrati compresi) oltre l'età di pensione, dopo il 31 ottobre; la possibilità di mobilità obbligatoria nell'arco di 100 chilometri e, in caso di esuberi, di prepensionamenti fino a due anni, senza possibilità di sostituzione. Il dimezzamento dei distacchi e dei permessi sindacali dal primo agosto. Il turnover legato solo ai limiti di spesa e non al numero di persone, che potrà così allargare le maglie degli ingressi. Sono i punti principali della bozza, composta di 26 articoli, su cui non sono escluse ulteriori limature.

Come vedi, appena dopo la prima riga, il giornalista elenca subito i punti chiave della bozza di riforma. A questo punto, chi è interessato ad approfondire proseguirà nella lettura.

Scrittura con grafici e infografiche

In alcuni documenti l'elemento grafico ha la prevalenza sul contenuto. Tabelle, schemi, liste, elenchi puntati: tutto serve per restituire un impatto visivo. Come i foglietti di istruzioni per montare i mobili dell'Ikea! L'avvento del Web ha potentemente aiutato la diffusione di questa tipologia di organizzazione del testo.
Secondo Wikipedia:

> L'infografica è una tecnica nata dall'incrocio dell'arte arti grafiche con il giornalismo e l'informatica. Le immagini utilizzate, elaborate tramite computer, possono essere 2D o 3D, animate o fisse. Alcuni esempi di infografica sono:
>
> - tabelle;
> - diagrammi di flusso;
> - mappe concettuali;

- schemi a blocchi;
- istogrammi;
- grafici;
- mappe;
- mappe topografiche;
- schemi;
- sistemi di segnaletica.

Oggi l'infografica è frequentemente adottata nei giornali, nelle riviste scientifiche, nei saggi, nei manuali d'istruzioni o di statistica, nei libri di testo scolastici. È inoltre molto utilizzata come strumento da parte di matematici, statistici e informatici per semplificare i processi di sviluppo e comunicazione di informazioni astratte.

Scrittura con domande e risposte

È una struttura che permette di spiegare al lettore una sequenza di informazioni. Anche se si tratta di uno schema non molto creativo, è utilizzabile in presenza di lettori poco esperti della materia (e che quindi non saprebbero neanche che genere di domande farsi) oppure estremamente pigri (che prediligono cioè una sorta di percorso guidato). Va detto che, in caso tu scelga questa struttura per organizzare il testo, avrai il controllo pressoché completo su come il lettore otterrà le informazioni. Nei giornali, ho notato che alcuni quotidiani come «La Stampa» riservano un'intera pagina a sviscerare un argomento del giorno attraverso la tecnica «domanda-risposta»: in realtà non è altro che un elenco dei punti chiave dell'articolo, presentati in forma interrogativa.

Ammettiamo che tu abbia l'incarico di scrivere un testo per un'azienda che commercializza seggiolini da auto per bambini. Per riassumere le caratteristiche del prodotto, invece di elencare una lunga pappardella sui materiali e le tipologie di seggiolino, potresti organizzare una pagina chiamata «FAQ - Sicurezza in auto». Per velocizzare ti elenco soltanto le domande: ma nel testo finale dovranno comparire anche le risposte con sequenza alternata (domanda/risposta, domanda/risposta ecc.).

- Perché è importante fissare i bambini in auto?
- Perché è importante fissarli stretti?
- Perché un seggiolino deve essere sostituito dopo un incidente?
- Quali materiali plastici si usano per fare un seggiolino auto?
- Ma il bambino come viene assicurato?
- Perché sui prodotti dedicati alle auto c'è una data di scadenza?
- Ho appoggiato il seggiolino in auto ma la cintura della mia vettura è corta e non riesco ad agganciarlo correttamente. Come mai?
- Cos'è e qual è il vantaggio di un seggiolino convertibile?
- Quali sono i vantaggi del sistema Isofix?
- Come si installa in vettura la Isofix Base?
- Che differenza esiste tra la Isofix Base e le basi tradizionali?
- Ho consultato l'elenco delle auto e non ho trovato il modello della mia, ma sono interessata alla Isofix Base. Come faccio a verificare se la mia auto è compatibile?

Hai notato la sequenza persuasiva? Si comincia con domande generiche, si insiste sui problemi e le conseguenze negative, si inserisce dapprima la caratteristica e poi i vantaggi del nostro prodotto, si presenta il prodotto per nome, lo si paragona alla concorrenza, si presuppone un interesse e una richiesta di informazioni. Attraverso un imbuto di marketing, il lettore è ora davvero a un passo dal rivolgersi all'azienda per saperne di più!

Come avrai capito, anticipare le domande fa presupporre che il potenziale cliente sia realmente alla ricerca di quelle informazioni. Torneremo in uno dei prossimi capitoli a parlare più in dettaglio di scrittura persuasiva.

Per chiudere con l'analisi di questa tipologia di struttura, vado un po' indietro nel tempo. A quando i siti web abusavano di sezioni FAQ, con l'idea di prevenire le obiezioni del cliente (e alleggerire così i call center). Ecco come un'azienda di sistemi wireless per visite turistiche guidate accoglie ancora oggi le domande dei suoi utenti. Qui ci sono anche le risposte:

Come faccio per prenotare un servizio?

È necessario telefonare o inviare un'email al nostro ufficio booking, specificando il tipo di servizio.

Dove vi trovo?

Troverete un nostro incaricato nel luogo da voi richiesto o direttamente il kit alla reception del vostro albergo/ufficio/altro.

Come riconosco i vostri incaricati?

I nostri incaricati indossano una divisa con il brand aziendale.

Come funziona per la consegna e il ritiro?

Il ritiro e la consegna vengono effettuati nel luogo a voi più comodo, tramite una linea dedicata di corriere o dal nostro staff.

Quali tipi di tariffe sono possibili nell'arco di una giornata?

Per un giorno sono possibili due tipi di tariffe: una half day, fino a un utilizzo di 4 ore, e una full day, per tutta la giornata.

Durante lo svolgimento del servizio, avete un numero da contattare per qualsiasi evenienza?

Sì, è possibile chiamare il numero del nostro reparto assistenza.

Oggi, con l'avvento di mezzi ultraveloci come Twitter e Facebook, con il dilagare di Google e di altre piattaforme costruite con la logica «chiedi e ti rispondo», questo tipo di struttura FAQ è un po' meno presente. Resiste ancora nelle appendici dei manuali tecnici e nei siti della pubblica amministrazione (dove si sottostima l'intelligenza dei cittadini e degli utenti finali).

Scrittura da semplice ad articolato

Specie quando il tuo lettore non è esperto in materia, parti dalle informazioni più semplici. Gli esempi maggiormente calzanti sono le guide pratiche, le ricette di cucina e i tutorial «come fare per...».

COME COSTRUIRE UNA CASETTA IN LEGNO

Progetto: sette pannelli (1 per il pavimento, 4 per le pareti, 2 per i tetti di copertura) + una porta da 60 cm + ecc.
Materiali: 35 travetti di pino sezione 5 cm x 5 cm + un pannello di pino o abete spessore 3 cm + ecc.

Iter operativo

- Passo 1 - Preparati attrezzi e materiali, prendete le travi per il pavimento e disponetele a terra formando un quadrilatero. Assemblate il telaio ecc. ecc.
- Passo 2 - Assemblato il telaio, fissate le tavole di tamponamento con viti autofilettanti ecc. ecc.
- Passo 3 - ecc.

Scrittura per presentazione di vendita

Struttura ideale per presentare e vendere qualcosa. Con l'obiettivo di far compiere un'azione al tuo lettore (potenziale cliente), puoi organizzare il testo così:

- Problema di partenza (bisogno)
- Azione da compiere o compiuta (soluzione)
- Risultati ottenuti (benefici)

Anche della struttura soprannominata PAR (Problema Azione Risultato) parleremo più ampiamente nel capitolo dedicato alla scrittura persuasiva. Per ora fissa il fatto che gran parte della comunicazione aziendale e commerciale utilizza questa tipologia per organizzare i suoi testi. Una struttura utile a far compiere delle azioni a chi legge (*call to action*) perché si conclude con un lieto fine. Partendo infatti da una criticità, si introduce una soluzione che – se adottata – produce concreti benefici!

E ora tocca a te!

- Fai una ricerca in Rete, sui giornali o nel tuo archivio di documenti e seleziona alcuni testi che siano organizzati secondo le diverse tipologie che abbiamo visto: in sequenza temporale, per paragrafi, per importanza, con grafici e infografiche, con domande e risposte, da semplice ad articolato, con la struttura PAR (presentazione di vendita).

- Prova a modificarne la struttura. Esempio: trasforma un testo cronologico in uno con domande e risposte, oppure parti da uno per paragrafi e modificalo in uno per importanza. Quest'ultimo è il caso tipico delle conferenze stampa, dove l'ufficio stampa presenta ai giornalisti un documento (di bilancio, una ricerca, un progetto) che il giornalista stesso dovrà poi trasformare in un articolo secondo la tecnica della piramide rovesciata, partendo dalle 5 W (ovvero dai punti più importanti della notizia).
- Prova a miscelare le diverse combinazioni, così da prendere sempre più confidenza con le differenti tipologie.

X
Scrivi la prima bozza

«Inutile immaginarsi con abiti stracciati, capigliatura incolta e una bottiglia di cognac sul tavolo [...] Dimentichiamolo. Scrivere è faticoso, implica ore passate a leggere, rileggere, correggere.»

Francesco Piccolo

Dice Francesco Piccolo nel suo libro *Scrivere è un tic*: «Lo scrittore è una combinazione tra un creativo e un impiegato». Anche se lui si riferisce ad autori di letteratura, ho preso spunto da questa frase per introdurre il capitolo dove parleremo di come scrivere una prima bozza del tuo testo. Finora hai fatto un ottimo lavoro per definire gli obiettivi della tua comunicazione e i destinatari a cui intendi rivolgerti. Abbiamo poi scelto con quale struttura organizzare il tuo documento, in base alla funzione più indicata. Avrai poi raccolto e messo insieme tutta una serie di fonti ricavate dalla tua esperienza, dal tuo archivio lavorativo e da una navigazione su Internet. Infine dovresti aver tracciato una sorta di scaletta per chiarire la rilevanza e la gerarchia delle informazioni: una base di partenza per generare un indice, un percorso-guida.

Possiamo dire che la maggior parte del lavoro è stata fatta. Perché la fase della scrittura (e non vale solo per i giornalisti) occupa in realtà circa il 30 per cento del tempo totale. Vedrai tra poco come la rilettura, l'editing e la revisione saranno passaggi altrettanto importanti: anzi, risolutivi. Ma cosa accade veramente al momento di scrivere?

Sempre sbirciando tra le abitudini di grandi professionisti della letteratura, scopriamo ad esempio che Bruce Chatwin sentiva il bisogno di intervallare la scrittura con lunghe camminate. Il metodo di Raymond Carver consisteva invece in un continuo riscrivere, controllare, ristampare, cancellare e poi riscrivere. Mentre T.S. Eliot scriveva soltanto per tre ore al giorno. Un po' meno di Andrea Camilleri, che si alza all'alba e scrive fino all'ora di pranzo (vestito di tutto punto, nonostante la sua scrivania si trovi tra le pareti domestiche).

Al di là di tic e manie, la scrittura è un'attività che richiede una certa concentrazione (che non significa il silenzio, visto il frastuono che regna nelle redazioni e in molti uffici). Concentrarsi vuol dire sapere che, per qualche ora, potrebbe essere necessario staccare il più possibile i collegamenti con l'esterno (cellulari, social network, televisioni in sottofondo). In ogni caso è un lavoro dai tratti «zen»: per me, personalmente, è un mix di solitudine e pazienza.

Ci tengo a ribadire un punto già accennato qualche capitolo fa. Non farti minimamente condizionare da ciò che si dice dei giornalisti, degli scrittori, dei copywriter di agenzia. Avendo escluso a priori le finalità narrative (romanzi, poesie, racconti, sceneggiature), la nostra scrittura professionale non deve necessariamente diventare un'operazione artistica!

Scordati la frase cinematografica «Buona la prima!». Non capita infatti quasi mai che uno riesca a chiudere al primo colpo, in modo definitivo, un articolo, una presentazione, una newsletter. La tua scrittura sarà fatta di dubbi, errori, pause, ostacoli e impegno. Ma non ti abbattere per questo! Siamo qui apposta per portare il tuo livello di elaborazione a crescere nel tempo. Capiterà infatti che la capacità di scrivere una buona «prima versione» migliorerà con l'allenamento: pian piano ti ritroverai sempre più sicuro e veloce in questa attività.

Pensi forse che le pagine stesse di questo libro non abbiano subito molteplici revisioni?

Struttura, grammatica, vocaboli, errori?
Per ora non ci pensare.
Quando scrivi la prima bozza di un testo
l'unica cosa che conta è «niente panico, niente autocritica!».

Sciogliere gli ormeggi

È un po' come quando una barca si stacca dalla banchina. Nonostante il capitano abbia una rotta prestabilita, nelle prime miglia di navigazione prenderà il largo senza troppi fronzoli, sapendo che le manovre correttive arriveranno più avanti. Fai la stessa cosa. Pensa solo a scrivere seguendo l'indice (o la scaletta) che hai elaborato. Per evitare blocchi, ti consiglio di suddividere la stesura in più parti e lavorare su una sottosezione per volta. Ecco qualche consiglio:

- Introduzione: sì o no? – Anche dopo. Meglio cominciare a scrivere il cuore del documento (slide, curriculum, preventivi) e poi organizzare un'introduzione a posteriori: alla fine sarai più consapevole dei reali punti di forza del tuo contenuto. In caso tu debba inviare un testo in allegato, scriverai l'email come ultimo atto.
- Il piacere di scrivere – Se ami carta e penna (è il mio caso) puoi anche decidere di tirar giù una prima bozza sul tuo quaderno degli appunti. L'importante è sentirsi a proprio agio. C'è persino chi si racconta l'argomento ad alta voce, registrandosi e riascoltando la sequenza delle informazioni. È come sbobinare un'intervista: se ti agevola, fallo.
- Salta invece di rimuovere – In questa fase, come detto, non preoccuparti troppo degli ostacoli che incontrerai sul percorso. Lascia scorrere i pensieri, senza correggere ogni trenta secondi la forma o gli errori. Inserisci piuttosto dei segni in codice (punti interrogativi?) che ti ricorderanno «Qui c'è qualcosa da sistemare».
- Lineare o a macchia di leopardo? – C'è chi preferisce seguire l'ordine della scaletta, per avere una sequenza rettilinea e uniforme. Chi invece, in caso di blocco dello scrittore, ritrova energia cambiando strada e iniziando a lavorare su una nuova sezione del testo. A volte, in certi tipi di documento (specie quelli con obiettivi di marketing) può funzionare meglio partire dalle conclusioni – descrivendo i benefici reali del tuo prodotto o servizio – e poi passare al corpo

centrale che farà da premessa al gran finale. Come sempre, l'introduzione può restare per ultima.

- Tempo limite – Questo aiuta, ma non deve generare il panico! Prova ad assegnarti un intervallo di tempo entro il quale dovrai «consegnare» a te stesso una prima stesura del testo. Su di me funziona: in questo modo evito le distrazioni e le interferenze dei «Lucignoli» che si incontrano lungo la strada (Facebook, Twitter, email, WhatsApp ecc.).

Dai fatti alle parole

Dare forma linguistica alle proprie idee è un esercizio che va allenato. Ricorda che fin dalle prime righe il tuo lettore dovrà capire, o perlomeno intuire, qual è l'oggetto del testo che ha di fronte. Spesso scrivo su un post-it o su un foglietto qualunque l'obiettivo della mia comunicazione. Tenendolo a portata di mano durante la stesura della bozza, evito di perdere la bussola. E di far perdere la pazienza a chi legge.

Ora è arrivato il momento di condividere con te un breve decalogo sulla scrittura che con l'esperienza ho potuto via via arricchire nel corso degli anni. Dagli inizi, come ragazzo di bottega nelle redazioni di quotidiani sportivi – o poi, nel tempo, passando per la cronaca nelle radio, nelle televisioni locali e nuovamente nei quotidiani cartacei –, queste regole sono state la mia coperta di Linus. Un elenco di consigli legati al buon senso, alla scrittura leggera, poco invasiva. Ma pur sempre incisiva ed efficace.

Una volta passato a occuparmi di comunicazione, giornalismo d'impresa, storytelling e scrittura per il Web, ho continuato a coltivare questi suggerimenti con passione ed entusiasmo. Spesso, durante i corsi in aula, ho il tempo di fare esercizi per andare a verificare e misurare ogni singolo riferimento. Qui ti riassumerò comunque i principali punti da seguire, anche se in questo libro non è mia intenzione affrontare temi legati alla sintassi della lingua italiana. Come indicazione, per completare gli argomenti, ti rimando al lavoro della pioniera della scrittura professionale in Italia, la già citata in precedenza Luisa Carrada, autrice di un ricco sito sulla scrittura professionale e dell'omonimo saggio *Il mestiere di scrivere*.

Uno spolvero di sintassi

Nel 1997 il dipartimento della Funzione Pubblica ha prodotto un *Manuale di stile. Strumenti per semplificare il linguaggio delle amministrazioni pubbliche* (curato da Alfredo Fioritto). Ecco riassunti alcuni dei passaggi principali.

Brevità

Saper organizzare bene le parole in frasi aiuta chi legge a incontrare meno problemi. Soprattutto se le frasi sono corte (massimo 20-25 parole), semplici e lineari. Il vecchio teorema «soggetto, verbo, complemento» in italiano funziona sempre.

> Un primo criterio per scrivere chiaro è scrivere come si parla. Il senso di questo criterio non è ignorare o appiattire le differenze, formali o sostanziali, che esistono tra scritto e parlato. Questo suggerimento, che ovviamente non va inteso alla lettera, invita chi scrive a cercare la soluzione più semplice per esprimersi, pensando al modo in cui si esprimerebbe parlando.
>
> Emanuela Piemontese, *Capire e farsi capire*

Più che appiattirsi alla semplicità *tout court*, può essere usato come un buon punto di partenza su cui lavorare. Nei primi capitoli di questo libro abbiamo fatto diversi esempi di burocratese e aziendalese.

Subordinate

Poche, solo quando è necessario. Purtroppo a scuola non ci hanno quasi mai limitato nell'uso delle frasi relative (introdotte da *perché, quando, al fine di* ecc.). Abbiamo spesso esagerato nel periodare «a piramide», quando invece sarebbe stato meglio imparare a scrivere usando le coordinate (introdotte da *e, ossia, ma, cioè* ecc.).

Verbi di forma attiva e personale

I verbi all'infinito invitano all'azione e soprattutto forniscono al testo dinamismo e chiarezza. Molte imprese un po' «vecchio stampo», così come gli enti della pubblica amministrazione, prediligono ancora il passivo e la forma impersonale. È uno stratagemma per impegnarsi di meno, per restare distaccati e asettici.

Secondo loro, più professionali. Adorano anche le locuzioni verbali («Effettuare una verifica» invece di «Verificare») e le nominalizzazioni («L'obiettivo è la condivisione dei risultati tra tutta la forza vendita» invece di «Condividere i risultati con tutti i venditori è l'obiettivo di oggi»).

Che ne dici poi di questo inizio di email?

Con riferimento alla Sua richiesta, si concede il nulla osta all'uso della sala Michelangelo, come indicato in oggetto, per ospitare il convegno sulle energie rinnovabili.

Non sarebbe meglio così?

Gentile Professore,
le comunichiamo la concessione della sala Michelangelo per il 16 marzo 2014 (dalle 8 alle 13.30) per il convegno sulle energie rinnovabili.

Frasi affermative con modi e tempi verbali semplici

Afferma invece di negare. E laddove riesci a usare l'indicativo, usalo! I congiuntivi, i condizionali, i gerundi distillali con parsimonia.

Lessico

Sempre secondo il *Manuale di stile*, non complicare la vita al tuo lettore e utilizza invece parole comuni, concrete e dirette. I termini specialistici serviranno solo per un pubblico di addetti ai lavori, così come le sigle e le abbreviazioni.

Aggettivi e avverbi

Negli anni di scuola, durante i temi di italiano, ci siamo innamorati di aggettivi e avverbi. In classe, chi ne usava di più dava l'idea di essere il più colto. E prendeva sempre voti alti. Aggettivi e avverbi sono una grande passione anche per poeti e romanzieri, che con le loro parole ci fanno vivere emozioni calde e sensuali. Chi scrive invece per informare o comunicare, dovrebbe mitigare questa tendenza. Il mio primo caposervizio ripeteva spesso: «Non fare un poema, tanto da domani sera con il tuo articolo ci incarteranno il pesce o daranno forma alle scarpe!».

L'aziendalese risente dell'influenza del marketing, area che nelle PMI detiene gran parte della comunicazione interna ed esterna, siti web compresi. Ecco spiegato l'abuso di aggettivi logori.

Per quanto ti riguarda, il consiglio è di iniziare a disintossicarsi da liste di aggettivi inflazionati:

- potenziale;
- efficiente;
- intuitivo;
- confortevole;
- facile;
- compatibile;
- versatile;
- innovativo.

Perché, invece di usare parole alla moda, non dare informazioni concrete?

«Il frullatore è versatile.»

È molto più efficace – anche se in questo caso un po' più lungo – scrivere:

«Il frullatore può preparare salse, cocktail, sughi, creme, mousse, frullati».

Pillola di burocratese

Qualche settimana fa, in aula, ho consegnato agli allievi di un corso su *Scrittura e Storytelling* il testo che ti sottopongo. È un concentrato di forme impersonali, subordinate, sigle e parole di uso non comune. Eppure è datato 30 maggio 2014 e proviene da un ministero che dovrebbe dare l'esempio: quello dell'Istruzione!

Agli Uffici Scolastici Regionali
Loro Sedi

Agli Ambiti Territoriali Provinciali
Loro Sedi

OGGETTO: Graduatorie ad Esaurimento di cui al D.M. *235 del 1° aprile 2014. Istanze non andate a buon fine.*

Pervengono segnalazioni in merito alle difficoltà di portare a buon fine la procedura di istanze-on-line POLIS, registrate nella giornata di chiusura delle funzioni on-line per la presentazione delle domande di aggiornamento/permanenza/trasferimento/conferma o scioglimento della riserva.

Al riguardo, in considerazione della circostanza che il termine di scadenza del 17 maggio u.s. ricadeva nella giornata di sabato, giorno di chiusura degli uffici territoriali, si ritiene che possano essere accolte le richieste di assistenza pervenute oltre tale termine e comunque non oltre il 23 maggio 2014, previa dimostrazione del disguido tecnico subito nella suddetta giornata del 17 maggio (diagnostico del sistema o dichiarazione sotto propria responsabilità, verificabile dal Fornitore dei Servizi Informativi).

Si ritiene inoltre, in ragione della complessità e della novità della procedura, che possano essere prese in considerazione, previa compilazione del fac-simile del modello 1 di domanda allegato al D.M. n. 235 del 1° aprile 2014, anche le istanze inserite ma non inoltrate, ivi comprese quelle degli aspiranti che in fase di rettifica di una domanda precedentemente inoltrata abbiamo omesso di effettuare un nuovo inoltro.

Ecco come è stato riscritto e semplificato.

Gentili responsabili e dipendenti delle sedi regionali e provinciali,

Nell'ultimo giorno utile a presentare le domande di
aggiornamento
permanenza
trasferimento
conferma o scioglimento della riserva

numerosi utenti ci hanno segnalato di aver incontrato difficoltà nel concludere positivamente le operazioni di istanze-on-line POLIS.

Visto che la scadenza del 17 maggio ricadeva di sabato, giorno in cui gli uffici territoriali sono chiusi, riterremo valide anche le richieste di assistenza pervenute oltre quella data (e comunque non oltre il 23 maggio 2014). Per dimostrare che il 17 maggio il vostro ufficio ha effettivamente subito un disguido tecnico, dovrete fornirci un rapporto diagnostico del sistema o un'auto-dichiarazione, che sarà verificata dal Fornitore dei Servizi Informativi.

Data la complessità e la novità della procedura, accetteremo anche le domande solamente inserite (ma non inoltrate). Comprese quelle degli aspiranti che – in fase di rettifica di una domanda inoltrata in precedenza – non abbiano effettuato un nuovo inoltro.

Per avviare la procedura, vi chiediamo di compilare il fac-simile del modello 1 di domanda allegato al D.M. n. 235 del 1° aprile 2014.

Vi ringrazio per la collaborazione,

Il Dirigente Vicario

L'aumento del livello di comprensione è facilmente misurabile! Vuoi un consiglio? Fotocopiati il testo in burocratese e utilizzalo come modello da... non replicare.

Punteggiatura e stile

Come in tutti i progetti, dove è indispensabile selezionare alcuni temi a scapito di altri, anche in questo libro ho avuto la necessità di ridurre o eliminare certi argomenti. Uno di questi è la punteggiatura. In questo senso, il vero allenamento per me è stato quello di leggere molto, tanto, di tutto.

Leggi in maniera consapevole e ad alta voce.
Le intonazioni ti aiuteranno a scegliere
la punteggiatura più funzionale al tuo testo.

Nel suo *L'italiano. Lezioni semiserie* il giornalista Beppe Severgnini introduce così il suo capitolo sull'argomento:

> I segni di interpunzione contribuiscono a rendere sensuale e musicale la lingua: per scrivere in maniera seducente, bisogna saperli usare. I linguisti li hanno chiamati «segni paragrafematici», cercando di renderceli antipatici. Ci sono riusciti. C'è un aspetto discrezionale, nella punteggiatura, che ci mette a disagio. Punti, virgole, due punti, punti interrogativi, virgolette: molti li considerano trappole, piccole botole in cui è facile cadere. È sbagliato. I segni di interpunzione rappresentano invece gli svincoli del testo. Se non ci fossero, le parole formerebbero un unico, gigantesco ingorgo.

In Rete, così come in libreria, oggi esistono fior di manuali e guide di stile che descrivono con grande dettaglio ogni minima regola, sia di sintassi e grammatica della lingua italiana sia di buon senso. Talvolta ho preparato per alcune aziende e organizzazioni un documento tagliato su misura, rivolto al personale interno. Obiettivo: riassumere le linee guida per rendere uniforme la comunicazione scritta. Di solito si lavora su elementi come le abbreviazioni, le sigle, i numeri, le unità di misura. Per poi fare un ripasso su accenti, corsivi, grassetti e maiuscole.

Dando per assodato che ogni documento prodotto da un'azienda o da un singolo professionista rispecchia all'esterno lo stile e lo stato d'animo collettivo dell'organizzazione stessa, ecco che avere a disposizione un manuale personalizzato rende il lavoro di comunicazione estremamente più facile ed efficace.

Ma scrivere bene, e secondo linee guida corrette, non basta. C'è una fase che è forse la più importante di tutte. Quella che segue alla stesura della prima bozza. E che si articola in due processi sequenziali.

La prima stesura non basta

Scrivere è rivedere!

Si dice che il grande scrittore e giornalista Ernest Hemingway abbia riscritto l'ultima pagina del suo *Addio alle armi* trentanove volte. «Perché l'hai fatto?» gli chiesero un giorno. «Perché non trovavo le parole giuste.» Il vantaggio della scrittura è che si può rivedere all'infinito. Tempo permettendo.

La rilettura del testo sarà dunque un'attività fondamentale, che va organizzata – anche questa – secondo una serie di regole che vedremo tra breve. La nostra mente (questa perlomeno è la mia esperienza) è come se avesse una doppia personalità: nel momento in cui scriviamo, c'è una concentrazione rivolta ai fatti, a quello che stiamo raccontando. Siamo come davanti a un film di cui vediamo scorrere le immagini, mentre in parallelo le nostre mani fissano quella stessa sequenza su carta o su computer. Ma se lasciamo «riposare» quel testo, come si dice in gergo, e poi lo rileggiamo a distanza di qualche minuto – o meglio ancora a distanza di qualche ora, o addirittura giorno – è come se la mente si attivasse in una modalità diversa: da «lettore esterno» e non più da «autore». Solo in quel momento, solo quando riusciremo a leggere il documento con un certo distacco, come se fosse stato scritto da qualcun altro, allora potremo cogliere errori di battitura, difficoltà di sintassi, ripetizioni e vocaboli non appropriati. Ecco perché serve SEMPRE far leggere il proprio testo a qualcun altro prima di inviarlo (a meno che si tratti di email supersegrete, rivolte ad amanti clandestini).

Senza revisione, la scrittura resta un discorso messo su carta. Ho visto diversi giornalisti televisivi faticare con i testi scritti – riempiti di refusi e con punteggiatura stentata – perché si tratta di colleghi abituati a scrivere per se stessi. Ciò che va in onda è infatti il servizio letto ad alta voce: e loro, grazie al mestiere, riescono a leggerlo perfettamente, nonostante la pagina sia zeppa di imprecisioni.

Una buona scrittura, semplice, lineare e senza errori, ti farà fare un'ottima figura esattamente come l'elegante confezione di un regalo. Anche la forma è sostanza. Credo sia una questione di disciplina e di pigrizia: perché accontentarsi della prima stesura, perché fermarsi a una bozza che non comunica efficacemente le idee che avevi in mente? Non innamorarti di un progetto sbagliato, sottoponilo a una giusta revisione (che significa «vedere in modo diverso»).

In ambiente giornalistico, si dice «passare il pezzo». Di norma è un caporedattore o un collega più anziano a rileggere l'articolo del cronista e a segnare le modifiche da apportare. In questi ultimi anni, con la crisi che ha colpito il personale delle case editrici e delle redazioni, sono diminuite le figure professionali che garantivano la qualità del testo. Non parlo solo dei correttori di bozze, ma anche dei giornalisti più esperti: gli unici in grado di correggere una notizia o di intervenire su un titolo con velocità e bravura. Se oggi i giornali contengono più refusi, i motivi sono essenzialmente due: il primo è che mancano i capiredattori, il secondo è che i giovani colleghi sono meno sensibili al processo di revisione, hanno meno disciplina (e pazienza) nel curare l'editing di una pagina. Per fortuna ci sono i blog, che funzionano da enorme palestra sia per chi vuole raccontare i fatti propri, sia per chiunque aspiri a diventare un giornalista o un comunicatore di professione.

Una delle differenze principali tra chi scrive in modo professionale e chi non lo fa, sta nella capacità di rivedere un testo in modo critico!

Correggi il testo: l'editing

Esistono due tipi di rilettura: quella a caldo, che avviene in contemporanea alla scrittura o subito dopo la fine della prima stesura; e quella tiepida-fredda, che può essere eseguita a distanza di qualche ora o di qualche giorno. Poi esiste la distinzione tra editing e revisione. Semplificando, possiamo dire che l'editing è una fase dove si bada a «come una cosa è stata scritta», mentre la revisione si occupa della sostanza, del contenuto: del «cosa è stato scritto».

L'editing serve a correggere gli errori più comuni di grammatica e punteggiatura, oltre ai refusi di battitura. Un buon correttore di bozze non dovrà necessariamente conoscere l'argomento in maniera approfondita. L'unico vero requisito è che sappia maneggiare molto bene la lingua italiana, in sintonia con il linguaggio e lo stile che quel pubblico si aspetta. Una sorta di «cecchino» capace di cogliere le imprecisioni in spaziature e tempi verbali, e le ripetizioni.

Tu stesso, rileggendo in tempo reale ciò che stai scrivendo, puoi accorgerti degli errori di battitura. Di una parola da cancellare, un aggettivo da eliminare, un verbo da sostituire.

Riassumendo, ecco alcune azioni di editing che io stesso compio una volta scritta la prima stesura:

- stampa il tuo testo;
- prenditi tempo, non avere fretta;
- leggi ad alta voce;
- fai attenzione ai titoli;
- occhio alle ripetizioni;
- rileggi lentamente e una riga per volta;
- rileggi al contrario, dall'ultima parola alla prima;
- controlla date, numeri, cifre e simboli;
- usa l'intonazione per rimarcare la punteggiatura;
- separa il testo in frasi indipendenti;
- fai una lista degli errori frequenti;
- leggi come se fossi il destinatario;
- verifica se stai parlando di lui, se può sentirsi interessato;
- non fidarti solo di te stesso, fai leggere il testo a qualcun altro.

Visto dalla parte del lettore, fatico a dare credito a chi accompagna l'invio di un progetto, un preventivo o una presentazione con frasi giustificative: «Scusami, te l'ho mandata al volo, non avevo il tempo di correggere gli errori...». Da lettore, avrò tutto il diritto di pensare: «Perché scarichi su di me questa fase? Dove sta scritto che io avrei più tempo di te? Come posso fidarmi della sostanza di ciò che scrivi, se nemmeno mi dedichi queste minime attenzioni?».

La revisione per dare coerenza

Sei arrivato a un miglio dal traguardo. Quello della revisione è un passaggio importante perché vi si decide la sorte del tuo testo, anche dal punto di vista della credibilità. Questo è un aspetto che ti consiglio di non tralasciare, e sul quale noi giornalisti siamo «sensibili» in maniera particolare. Sto parlando dell'attendibilità delle tue fonti.

Scrivere non è come parlare: *scripta manent* abbiamo già detto a inizio libro! Il nostro lettore avrà infatti tutto il tempo di eseguire ricerche e di smentirci se avremo scritto delle castronerie. Il refuso, l'errore di battitura, il congiuntivo usato male sono un pessimo biglietto da visita, ma tutto sommato sono errori di gravità minore. Altra cosa è sbagliare una data, un riferimento storico, un elemento base di un processo produttivo. Storpiare un nome, deformare in buona fede un avvenimento sarà sempre sinonimo di superficialità. In certi casi di cialtronaggine. Ho avuto colleghi decisamente pigri che hanno collezionato pessime figure per colpa di una mancata verifica. Un lavoro di pochi minuti. Oggi, poi, con Google a portata di mano, è un comportamento davvero autolesionistico! Si può dire masochistico? L'ho detto!

Rivedere, di fatto, vuol dire entrare nel merito dei contenuti. Se eseguita successivamente all'editing, ha un duplice vantaggio: il testo sarà «pulito», e quindi più scorrevole, e il tempo trascorso avrà fatto sedimentare meglio le idee. A freddo certi cambi di rotta si percepiscono meglio. Molti articoli giornalistici, così come interi capitoli di un libro, vengono messi in discussione in maniera approfondita. In certi casi, la revisione serve a riscriverli di sana pianta, se non addirittura a eliminarli. Per questo non innamorarti delle diverse parti del tuo testo: per motivi legati all'efficacia, potrebbero «saltare»! Come quando in fase di montaggio un regista cinematografico decide, a malincuore, di tagliare alcune scene del suo film...

La revisione serve anche a stanare le ripetizioni inutili: non sai quante volte, nello scrivere queste righe, ho premuto il tasto destro del mio mouse per scegliere sul dizionario un sinonimo adeguato! E poi, grazie alle revisioni, mi accorgo di prolissità, frasi fatte, luoghi comuni: un morbo che attanaglia giornalisti e comunicatori. È sufficiente sfogliare i quotidiani o i siti web aziendali per scovare «consulenze a 360 gradi» «ridente località» «splendida cornice» «caccia all'uomo». Ma anche ridondanze come «divieto assoluto», «vero e proprio», «requisiti richiesti»: perché due parole quando ne basterebbe una?

Chi scrive per professione dovrà cercare di usare il numero minimo di parole per esprimere un concetto. L'obiettivo principale è aiutare il lettore ad andare dritto al punto.

Come avrai capito, dovrai abituarti all'idea di asciugare o tagliare molti di quei passaggi che in prima battuta ti erano sembrati indispensabili. Un testo breve è quasi sempre più comprensibile: non significa assenza di informazioni, ma di parole superflue! Immagina di dover scrivere il testo di un annuncio per promuovere un prodotto bancario su Facebook. Un classico lavoro da copywriter sarebbe:

> Vinci con Mutuo Arancio - Accendi un mutuo che spegne gli interessi! Mutuo Arancio ti dà la possibilità di vincere 200 euro di sconto mensile sugli interessi di tutte le rate del 2015.

Ma lo stesso annuncio può essere accorciato così:

> Vinci con Mutuo Arancio - Puoi vincere 200 euro di sconto sugli interessi di tutte le rate del 2015. Scopri come!

Per essere conciso e abbreviare le tue frasi, puoi usare la forma attiva dei verbi. Ma anche «spacchettare» le proposizioni lunghe in frasi più brevi. È un buon esercizio per eliminare il vizio di ricorrere alle subordinate. Esempio:

> Gentile allievo, desideriamo avvisarla che la sua richiesta di modifica delle modalità di pagamento del corso è stata accolta e quindi potrà versare subito un acconto di 100 euro, mentre all'inizio del corso dovrà effettuare il saldo di 250 euro.

Dividiamo la frase in periodi più concisi e leggibili. Quali concetti dobbiamo esprimere?

- Richiesta accolta
- Acconto 100 euro
- Saldo 250 euro

Possono diventare due frasi indipendenti:

> Gentile allievo, abbiamo accolto la sua richiesta di modificare il pagamento del corso. Potrà versare un acconto di 100 euro e il rimanente saldo di 250 a inizio seminario.

Siamo passati da 40 parole a 29, eliminando gli elementi di connessione («e quindi», «mentre»). Mettendo un punto la leggibilità aumenta, ma le informazioni non cambiano!

E ora tocca a te!

L'esercizio che ti chiedo di fare, al termine di questo lungo ma «corposo» capitolo, riguarda la stesura di una prima bozza di profilo aziendale. Hai presente il «Chi siamo» dei siti web? Bene. Puoi scegliere se scrivere direttamente quello della tua azienda (studio professionale, associazione, impresa turistica ecc.) oppure prenderne uno in prestito da Internet. In questo secondo caso, scegli un profilo scritto in modo ampolloso e inefficace e... riscrivilo meglio!!!

- Definisci obiettivo e destinatario.
- Organizza le fonti e scegli una tipologia di struttura.
- Prepara un indice del documento.
- Scrivi una prima stesura che non superi le 1000 battute.

- Fai un lavoro di editing su refusi, imprecisioni, punteggiatura, dettagli.
- Rileggi più volte e verifica se le informazioni principali sono contenute nella prima parte del testo.

Alla fine dell'esercizio constaterai con soddisfazione come la tua scrittura inizi ad alleggerirsi: meno fronzoli e più coraggio di andare subito al punto.

Terza parte

IL METODO SCRITTURA VINCENTE

XI
Imparare a produrre contenuti

«Invece di interrompere i consumatori mentre sono impegnati nelle varie forme di intrattenimento o informazione, il marketing non convenzionale diventa a sua volta intrattenimento o informazione, ottenendo in questo modo la completa attenzione del pubblico.»

Sergio Veneziani

- Sei un imprenditore al vertice di una piccola o media impresa?
- Hai uno studio professionale (avvocato, commercialista, dentista ecc.)?
- Sei un consulente freelance o titolare di partita Iva?
- Sei commerciante o responsabile di un esercizio commerciale (centro benessere, palestra ecc.)?
- Sei un venditore plurimandatario o agente di commercio di grandi aziende?

E inoltre:

- Hai un sito web ma questo non crea fatturato?
- La TUA immagine e quella dell'azienda sono poco rappresentate online?
- Vuoi posizionare meglio il tuo sito sui motori di ricerca senza PAGARE?
- Vuoi raddoppiare il numero di nuovi clienti?
- Vuoi aumentare la tua popolarità online?
- E soprattutto vuoi che tutto questo crei delle rendite eccezionali?

Quante domande ronzano nella testa di chi possiede un sito web e desidera promuovere con successo la propria attività!

Arrivati a questo punto del libro – dopo averti parlato di contenuti e passioni, e aver analizzato nel dettaglio l'organizzazione di un testo secondo i pilastri dell'efficacia – entrerò più nel merito di cosa intendo per metodo Scrittura vincente. Mettendo insieme l'esperienza di quindici anni di comunicazione d'impresa, ho schematizzato alcune strategie e azioni che utilizzo tuttora per scrivere contenuti persuasivi e supportare aziende e organizzazioni a promuoversi sul Web.

Come premesso, farò una veloce carrellata dal punto di vista della scrittura efficace, più che sul piano del marketing in generale, argomento talmente vasto da meritare una pubblicazione a parte. Chi mastica questi temi è infatti più orientato su numeri, misurazioni, parametri e indici di performance. Nel mio bagaglio di giornalista c'è invece una sensibilità più orientata allo storytelling, alla persuasività del linguaggio, all'efficacia della scrittura per il Web e alle dinamiche di un ufficio stampa 2.0. Ecco dunque l'approccio scelto per i prossimi capitoli.

Le piccole e medie imprese in Italia sono affascinate, ma anche costrette (a loro insaputa) a promuoversi su Internet. Purtroppo per loro, progettare, realizzare e gestire contenuti specifici per il Web restano attività secondarie, spesso non padroneggiate. Non hanno i budget delle grandi aziende e degli enti pubblici, e di conseguenza neppure la consapevolezza dell'importanza strategica. Ma soprattutto – e questa è una caratteristica delle PMI italiane – sono bravissime a progettare, realizzare e vendere prodotti e servizi, ma molto meno a descriverli. Lo spiega bene Riccardo Polesel, nel suo libro *Promuoversi mediante Internet*:

> Siamo eccellenti commerciali ma poco esperti a livello di marketing e comunicazione. [...] Uno strumento potenzialmente utilissimo, il Web, viene sfruttato al minimo senza una vera ragione plausibile. L'unica motivazione è che non si conoscono le potenzialità che la Rete offre al vostro business.

Le PMI e gli studi professionali sono più abituati a occuparsi di strumenti. Investono denaro per acquistare dispositivi e software, ignorando le strategie e il gioco di squadra di un progetto di comunicazione. Quando se ne ricordano, spesso la crisi è già scoppiata.

Entra nelle logiche comunicative della tua organizzazione vestendo i panni del giornalista.

Oltre a scrivere testi, ho favorito processi di gruppo per facilitare gli altri a produrre contenuti efficaci. Come? Attraverso attività di consulenza, formazione e coaching. Normalmente il percorso è composto da una serie di step, non sempre in questa sequenza:

1. presentare l'impresa (sito web);
2. informare e relazionarsi (storytelling con blog, Facebook, Twitter e Instagram);
3. promuovere e vendere (content marketing, presentazioni, landing page, storyselling);
4. comunicare con i media (ufficio stampa 2.0).

Presentare l'impresa

Prima di promuoversi e comunicare, un'azienda o un professionista deve sapersi presentare. All'inizio occorre creare un nucleo centrale, una sorta di *hub* dove l'utente può ritrovare in ogni momento tutti i nostri contenuti, e capire così se siamo in grado di risolvere i suoi problemi. A svolgere questa funzione è solitamente il sito web, cuore di tutti i materiali prodotti e luogo di partenza della nostra attività di comunicazione in Rete.

È necessario quindi sedersi a un tavolo e decidere una strategia per parlare della propria azienda/attività in modo responsabile, efficace, chiaro e diretto. Non uno sterile sito-vetrina ma una fotografia attuale di *cosa si è* veramente e di *come veniamo percepiti* (backstage compreso). Grazie a questo canale, le persone potranno conoscerti e porre le basi per interagire con la tua azienda.

Solitamente il mio compito è quello di scrivere, a quattro mani con il cliente, un documento di progetto editoriale dove viene definito:

- il target specifico (rispondendo alle domande «Cosa cerca?» e «Per quale motivo potrebbe acquistare?»);

- lo scenario (analisi editoriale delle aziende concorrenti, evidenziando punti di forza e debolezza);
- il profilo aziendale (biografia, storia personale, obiettivi di comunicazione, competenze, reputazione);
- l'offerta (descrizione persuasiva di prodotti e servizi);
- la specificità e l'autostima (unicità, definizione punti di forza come leva competitiva);
- lo spot persuasivo (chi sono, cosa faccio, perché soddisfo il tuo bisogno, chiamata all'azione, urgenza);
- il set di parole chiave (per orientare il copywriting).

Come avrai capito, alla radice dei contenuti di un sito web c'è un lavoro di analisi e pianificazione, che parte dall'osservare come si muovono i competitor e si completa nella creazione del piano editoriale. Da quella base, da quella sceneggiatura, potremo iniziare a organizzare l'architettura del sito e a riempire le sezioni con testi, immagini, video efficaci. In linea con i tuoi obiettivi di comunicazione.

Informare e relazionarsi

Una volta messo online il sito web, si lavorerà ai cosiddetti «avamposti». Per generare curiosità e attenzione da parte del pubblico è necessario ragionare come dei piccoli editori che quotidianamente informano e coinvolgono i potenziali clienti. La formula del social magazine, simile alla *content curation*, dà ottimi risultati: una rivista online che racconta in chiave giornalistica la nostra storia passata, presente e futura. E che coinvolge gli utenti in maniera semplice, leggera ed efficace, a livello emotivo ma anche razionale. Senza il bisogno di vendere nulla. Da qui la necessità di NON misurare freneticamente l'attività con i parametri del marketing (il tanto famigerato ROI) ma con l'empatia narrativa che si genera tra la tua impresa e il pubblico. Un indicatore più impalpabile, che negli anni scorsi veniva spesso ignorato e sottovalutato, ma che nell'epoca dello storytelling e della personalizzazione del contenuto sta assumendo una giusta importanza e collocazione.

Con le dovute proporzioni, è la strategia adottata di recente dalla Coca-Cola. Che, come già detto, ha eliminato il vecchio sito e convogliato tutta la propria comunicazione sul magazine online «Coca-Cola Journey». Se il nuovo sito continua a presidiare e aggiornare tutte le informazioni «corporate» (chi siamo, cosa facciamo, dove siamo, come lavoriamo ecc.), gli avamposti social svolgono in parallelo il ruolo di «punti-brand», luoghi dove interagire col pubblico e sviluppare in senso creativo il racconto della vita aziendale.

Ecco quindi entrare in scena un corporate blog (con aggiornamenti in chiave storytelling) e un trittico dedicato alle conversazioni in Rete, composto da una pagina Facebook, un profilo Twitter e un account Instagram. La gestione coordinata di questi quattro «siti volanti» ti consentirà di parlare con frequenza quotidiana della tua impresa, dell'unicità del brand e della specifica esperienza con cui darai supporto ai tuoi clienti.

Promuovere e vendere

Dopo aver costruito una base per presentarsi, e una serie di «distaccamenti» per misurare continuamente la temperatura del pubblico – attraverso un interscambio di informazioni e feedback – arriva il momento di promuoversi e «vendersi» online, con uno stile di scrittura necessariamente più persuasivo. Le presentazioni di vendita, le landing page, le Direct Email Marketing (DEM), le comunicazioni in generale dovranno rispondere in maniera specifica alle concrete esigenze del tuo cliente.

Nulla va lasciato al caso, perché si può orientare una decisione anche attraverso un preventivo, una brochure asciutta e incisiva, una scheda progetto che affascini l'interlocutore e parli esattamente il suo linguaggio. Nel capitolo dedicato alla scrittura persuasiva capiremo l'efficacia della comunicazione emozionale, così come la differenza tra storytelling e storyselling. L'idea di fondo è di sostenere il tuo business con nuove parole, immagini e informazioni che raccontino benefici, invece di descrivere noiosamente caratteristiche oggettive.

Nella comunicazione d'impresa, la bussola è una sola:
far capire al cliente come i tuoi prodotti o servizi
possano aiutarlo a risolvere i suoi problemi.

Comunicare con i media

Tra le varie attività che una piccola e media impresa deve saper svolgere con regolarità c'è quella che in gergo viene definita «ufficio stampa 2.0». In molti casi non è presente come struttura fissa e viene perciò richiesta come servizio in outsourcing. Di fatto, si lavora su quattro fronti:

- monitorando l'attualità;
- fornendo contenuti di valore a giornalisti e blogger;
- gestendo la comunicazione di un evento;
- producendo contenuti di qualità per il tuo pubblico.

Di solito, professionisti e imprese trascurano questo asset comunicativo perché pensano che disporre di un ufficio stampa interno rappresenti un costo troppo oneroso. Ma non è così, anche perché lo scenario è cambiato. Molto cambiato.

- Nell'era del Web si è tutti interconnessi: non regge più l'alibi di non sapere cosa sta accadendo nel tuo settore. Le informazioni sono a portata di clic. L'ufficio stampa 2.0 ti aiuta a monitorare ciò che accade in Rete.
- Non c'è bisogno di assumere giornalisti a tempo pieno: ci si può avvalere di professionisti che impostino il lavoro e possano seguirlo dall'esterno.
- Produrre contenuti di valore genera autorevolezza. Si viene percepiti e seguiti come esperti in un campo. Non c'è bisogno di vendere qualcosa per entrare nel favore del pubblico.
- Attraverso i new media, tenere i contatti con blogger e giornalisti è un'operazione più semplice e immediata di un tempo.

L'attualità, dunque, va monitorata perché ci offre innumerevoli spunti per entrare più facilmente in sintonia con i nostri target, sia che si tratti di addetti alla comunicazione (Web, carta stampata, radio, tv) sia che ci si rivolga a una platea di potenziali clienti. D'altronde la gente in generale è sempre più orientata a decodificare la realtà secondo un modello mutuato dalle «news». Da diversi anni, i telegiornali a rullo continuo, così come i portali di informazione online, hanno consolidato questa *forma mentis*. È sufficiente analizzare l'impostazione comunicativa dei politici più evoluti per notare come lo storytelling sia tra gli strumenti più usati. Matteo Renzi è tra questi (anche grazie al suo staff): pronto a cogliere dalla realtà – veloce e frammentata – spunti efficaci per attualizzare e ribadire valori, identità e destino comune. Seguendo una storia con eroi ben precisi, antagonisti definibili e prove da superare.

Metabolizzati i quattro step del metodo Scrittura vincente? Nelle prossime parti di questo libro torneremo sui quattro blocchi e li approfondiremo. Ciò che conta davvero è che tu possa diventare sempre più consapevole delle opportunità che la Rete ti offre. Non stai forse leggendo questo libro per migliorare la capacità di scrivere e comunicare con i tuoi clienti? E con il pubblico in generale?

XII
(A) Come «scrivere» il tuo sito web

«Le nostre aziende sono cresciute con la cultura del fare, non con quella del raccontare. [...] I vostri clienti cercano sul Web qualcosa su di voi che va oltre numeri e misure. E spesso non lo trovano.»

Riccardo Polesel

«Poche storie!» mi disse con fare un po' burbero un imprenditore. In quel periodo stavo analizzando la comunicazione della sua azienda, partendo dal materiale cartaceo di marketing e finendo a parlare del suo sito web. «Sono appena stato in Cina» aveva continuato lui «e ho visto come fanno a tenere i prezzi dei prodotti così bassi! Come facciamo a competere con loro? Come si possono convincere i nostri clienti a un confronto equilibrato?» La sua lamentela era una lista di «come». Ma il punto era proprio questo: come si può convincere il pubblico ad andare oltre alla questione del prezzo?

Riguardando insieme i contenuti che la sua impresa veicolava verso l'esterno, ci accorgemmo subito di una cosa molto semplice: il cliente non esisteva. Erano tutti testi autoreferenziali! «Noi facciamo», «Noi siamo stati», «I nostri prodotti», «I nostri tempi di consegna», «Il nostro personale all'estero». Chiesi a bruciapelo: «Ma cosa sapete dei vostri clienti? Intendo dire: delle loro esigenze, dei problemi che hanno nel quotidiano?». Il suo sguardo mostrò per un attimo un certo disorientamento. Allora iniziai a girare il coltello nella piaga: «Quali parole descrivono il vostro marchio in maniera univoca ed efficace? Dov'è che le persone si sentono rassicurate?».

Sempre in *Promuoversi mediante Internet*, Riccardo Polesel afferma con chiarezza:

> Spesso in Europa si preferisce comprare da aziende tedesche rispetto a quelle cinesi, perché assicurano prodotti e servizi affidabili a costi accettabili. I lavoratori tedeschi hanno stipendi molto più alti di quelli italiani, come fanno a essere concorrenziali a livello di prezzo? Il segreto sta in una produttività elevata con costi di trasporto contenuti rispetto alle spedizioni dall'Oriente. Nei siti delle aziende attive in Germania si cita quasi sempre un concetto: efficienza tedesca. Due parole che, da sole, esprimono un preciso modo di fare business e un vantaggio competitivo tangibile. [...] Le parole sono un marchio.

Quali sono allora le parole che raccontano il tuo marchio? Se ci pensi, anche le case automobilistiche o le aziende di prodotti tecnologici (elettrodomestici, wi-fi) americane, italiane, giapponesi talvolta usano parole tedesche per parlare di valori aziendali. Questo ci deve far riflettere. E anche molto. Significa che il pubblico ha universalmente riconosciuto che il concetto di efficienza, per essere tale, deve in qualche modo ricalcare il modello tedesco. Deve «profumare» di Germania! Ecco perché è fondamentale che la tua azienda inizi a parlare in modo diverso, a spiegare con chiarezza com'è organizzata, cosa fa e quali benefici porta ai suoi clienti. Senza cadere nei soliti stereotipi del made in Italy (creatività, stile, bellezza, difesa e contropiede...), si possono ricercare e sperimentare nuove parole. Che non siano più frutto di quel famigerato *copia e incolla* fatto di «leader nel settore di riferimento», «comode rate» e «servizio utile e innovativo».

Si comincia dall'analisi del target

Sempre con l'obiettivo di arrivare a costruire un nostro *hub*, un luogo centrale sulla Rete dove il pubblico possa trovare ciò che gli serve in ogni momento, dobbiamo procedere con una mappa. Una bussola che ci orienti nella decisione: questo contenuto SÌ, questo NO, questo magari più avanti. Non c'è altra strategia efficace che cominciare a farsi le stesse domande che si fanno i nostri potenziali clienti e utenti. Ma prima di procedere, è utile allargare lo zoom e fare un passo indietro per interpretare meglio lo scenario nel quale ci muoviamo.

Duemila anni fa, le regole della retorica già dicevano che per acquistare il favore del tuo pubblico devi studiarlo, farti simile a lui e capire cosa vuole.

Ti sarai accorto, navigando nel Web per lavoro o per interessi personali, che Internet è la somma di tutti i media, di tutti gli strumenti precedenti.

- È un libro, quando l'autore pubblica i propri scritti.
- È un giornale, quando viene utilizzato per fornire notizie in tempo reale.
- È una radio, che trasmette file audio e consente di ascoltare e scaricare musica di ogni genere.
- È una televisione, con immagini streaming e video di qualità.
- È un archivio di lezioni virtuali.
- È una brochure, dove presentare la propria azienda o il proprio prodotto.
- È un luogo pubblico, nel quale gridare o sussurrare le proprie idee.
- È una piazza, dove conoscere persone e presentarsi al mondo.
- È un telefono, grazie a Skype e altre applicazioni.
- È un'enciclopedia, dove poter trovare definizioni, sinonimi, traduzioni.

L'elenco sarebbe ancora lungo: ma in ogni caso è necessario cimentarsi con diversi linguaggi:

- scrivi per essere letto;
- scrivi per essere ascoltato;
- scrivi per essere visto.

Come ti dicevo, spesso mi chiedono da dove si comincia per posizionare un sito. Vediamo insieme alcuni passaggi per organizzare le idee intorno a un sito (ma vale anche per un blog).

Inizia a farti delle domande sulla funzione che avrà il tuo contenitore in Rete. Non c'è bisogno di risposte precise: sono domande evocative, che servono a innescare pensieri generici, ragionamenti.

- Perché tu e la tua azienda sentite l'esigenza di parlare sul Web, di esporvi con un servizio, un prodotto o una testimonianza? Che esigenze avete, che problema volete risolvere?
- Cosa vi aspettate di ottenere da questa presenza su Internet? Che genere di comunicazione potete sostenere con le conoscenze e gli strumenti a disposizione?
- A chi volete parlare? Qual è il vostro pubblico, che tipo di persona immaginate di avere di fronte? Con chi vorreste confrontarvi nel tentativo di allargare la cerchia dei contatti?
- Rispetto ai concorrenti o a persone che trattano la stessa materia, qual è il valore aggiunto, il contenuto essenziale che vi differenzia dagli altri?

Solitamente parto dagli interlocutori. Chiediti chi è il tuo target, il tuo utente. A che genere di pubblico vuoi parlare? Da questo, comincia a fare delle distinzioni. A seconda che tu voglia esprimere opinioni sul mondo, promuovere la tua azienda, vendere i tuoi corsi o altro, chiediti: «Mi sto rivolgendo a lettori o potenziali clienti?», «Sono amici o esperti della mia stessa materia?».

Ci sono casi in cui sarà più facile fare un'analisi demografica del tuo pubblico di riferimento. Saprai, ad esempio, che il tuo obiettivo è vendere soggiorni benessere per donne single dai 20 ai 35 anni. Oppure che vuoi rivolgerti alle neomamme per fornire consigli sui loro neonati. O magari vuoi organizzare un sito intorno a un film che piace agli adolescenti. E dunque: «Cosa vengono a fare sul mio sito?».

Insomma, molto di quello che vai a raccontare nel tuo spazio in Rete – sia dal punto di vista dei contenuti sia dello stile con cui parlerai – dovrebbe riflettere la conoscenza che hai dei tuoi lettori. Può darsi invece che tu debba rivolgerti a un pubblico generico, senza chiare differenze di età o nazionalità. In ogni caso è importante almeno definire la tipologia di azione che l'utente verrà a fare sul tuo sito.

- I cosiddetti *spettatori* saranno interessati soprattutto agli aspetti audiovisivi del Web, e saranno quindi attratti dalla grafica, dal design, dall'audio. Questo genere di pubblico utilizza Internet come fosse una radio, una televisione o il cinema. Non si interessano molto al testo, se non come punto di raccordo tra un'immagine sorprendente e un'altra.
- Gli *utilizzatori* cercano invece informazioni da usare per il proprio lavoro. Hanno bisogno di soluzioni attraverso l'acquisto di prodotti o servizi. Possono anche avere bisogno di consigli, regole, metodi, dati statistici da inserire nelle loro ricerche o da applicare nella loro professione. Questo genere di utente vuole dei contenuti «mordi e fuggi», rapidi da trovare e utilizzare.
- Ci sono infine i *lettori*. Loro sì che sono davvero interessati al testo, lo scorrono avanti e indietro su schermo, oppure lo stampano per rileggerlo su carta in ogni momento utile. I lettori possono leggere per piacere o per necessità, ma in ogni caso apprezzano i contenuti e li analizzano con calma.

Di solito, per capire chi è il mio pubblico, mi appunto le loro domande. Nella maggior parte dei casi, quando entrano su un sito web, le persone si chiedono:

- Da chi è composta questa azienda? Sono persone autorevoli, qualificate, referenziate?
- I loro servizi e i loro prodotti hanno già risolto altri casi come il mio? Hanno clienti con i miei stessi problemi ed esigenze?
- Rispetto alla concorrenza, i loro benefici sono più convenienti?
- La modalità del servizio risponde alle mie esigenze di tempo, distanze, operatività?

Già darti una risposta a queste prime domande ti aiuterà moltissimo a focalizzare il tipo di contenuti da produrre. E la loro efficacia.

L'obiettivo è fornire al pubblico del tuo sito web informazioni coerenti e organizzate. Ovvero, un punto di riferimento dove possa trovare i contenuti che servono.

La verità è che la grande maggioranza delle piccole e medie aziende italiane non pensa sia utile comunicare su Internet in modo efficace. Perché nessuno spiega loro che NON comunicare innovazione, esperienza e creatività è come tenere chiusi dei lingotti d'oro in un cassetto? Un fattore competitivo diventa veramente tale se entra in circolo, viene comunicato e valorizzato. Sei d'accordo con me che è giunto il momento di far vedere veramente chi sei?

Come parla la tua concorrenza?

Per raccontarsi in modo diverso, e far così capire ai tuoi clienti la differenza con la concorrenza, bisogna studiare il territorio virtuale in cui ci stiamo muovendo.

Una volta definiti gli utenti – e fissate a grandi linee le azioni che faranno sul tuo sito e il linguaggio più corretto da adottare – è importante per te identificare ciò che già esiste sull'argomento che intendi trattare. Chiamiamola analisi di scenario o *benchmarking*. Le domande sono:

- Chi si sta già occupando di questo argomento?
- Come lo sta facendo?
- Quali aspetti valorizza e quali, invece, risultano carenti?
- Come vuoi che il pubblico interagisca con il tuo sito? Da lettore o da utente attivo?
- Come ti relazioni con chi si occupa già dell'argomento? Ritieni che siano dei concorrenti o ti proponi come elemento complementare, a cui magari proporre delle alleanze?

Ho imparato una cosa lavorando con il Web da oltre dieci anni: su Internet la concorrenza è differente rispetto agli altri mezzi. Spesso i concorrenti possono aiutarsi a vicenda. Un esempio? Se stai vendendo libri online e un concorrente fa una grande campagna sull'editoria in Rete, indirettamente ne sarai avvantaggiato.

Mettiti a fare ricerche su Google, salvandoti i siti per genere tematico. Obiettivo di questa analisi di benchmarking è individuare delle nuove idee che funzionano nel tuo settore di appartenenza. Idee nell'ambito della comunicazione, del marketing, dell'interazione, del contenuto e dei servizi. Questo lavoro, molto prezioso, ti consentirà di definire un nuovo modello concettuale di comunicazione. Puoi analizzare i siti che trovi in base a questi criteri:

- tipologia;
- contenuti e servizi;
- architettura dell'informazione;
- punti di forza e di debolezza.

Chiarisci i tuoi obiettivi

Dopo un'analisi della concorrenza (e dopo esserti appuntato le informazioni più importanti), è utile che tu faccia un confronto con il tuo sito web. Non dovrai fare un copia e incolla dagli altri siti, al contrario: individua le soluzioni valide e comunicale secondo un tuo stile, originale ed efficace. Valorizzando i punti di forza e le specificità. Più saranno caratteristiche uniche, più si trasformeranno in vantaggi e benefici personali.

Chiediti dunque:

- Che genere di informazioni/prodotti/servizi sono in grado di fornire?
- Perché un lettore interessato a questo genere di informazioni/prodotti/servizi dovrebbe preferire il mio sito rispetto ad altri simili?
- In che modo posso far sì che un lettore che ha conosciuto il mio sito decida di ritornare a visitarlo?

Ogni tipologia di sito può avere uno o più obiettivi di comunicazione. L'obiettivo che sceglierai decreterà il posizionamento rispetto al mercato di riferimento. Continua con altre domande. Che cosa posso offrire ai miei utenti/lettori? Cosa può rendere unico il mio sito, cosa differenzia la mia proposta in Rete rispetto agli altri siti sullo stesso argomento?

- Voglio informare?
- Voglio far conoscere il mio brand?
- Voglio fare business online?
- Voglio vendere prodotti o servizi?
- Voglio fidelizzare o segmentare una clientela già acquisita?
- Voglio generare traffico per valorizzare la pubblicità che risiede sul mio sito/blog?

È importante che tu abbia bene in testa qual è l'obiettivo per cui stai creando una presenza in Rete. Ma è altrettanto importante che lo capiscano bene i tuoi lettori. Sii chiaro, sia nella scelta della disposizione di elementi (gerarchia in homepage, menu di navigazione, grafica) sia nel testo del «Chi siamo», dove potrai descrivere brevemente perché hai deciso di progettare questo sito e cosa ti proponi di offrire.

Il piano editoriale

Prima di procedere con la scrittura del documento di progetto editoriale, facciamo un veloce controllo sui passaggi fin qui necessari:

- fai un'analisi di benchmark del tuo settore;
- stabilisci gli obiettivi di comunicazione e decidi che tipo di sito vuoi progettare;
- identifica il tuo target;
- chiarisciti il posizionamento e i punti di forza da valorizzare.

Bene. Ora conosci tutti gli ingredienti principali per cucinare il tuo documento di progetto. Di fatto, la stesura del piano è l'equivalente di una ricetta che riunisce tutto ciò che abbiamo già visto insieme.

Il piano editoriale è il «cuore pulsante».

Prima di entrare nel dettaglio, vorrei condividere con te una sensazione che ho vissuto direttamente quando lavoravo come consulente e formatore nelle aziende. Molti, tanti, sottovalutano l'importanza del piano editoriale! Diversi responsabili di settore trascurano l'efficacia di un documento che invece mi sento di considerare il vero cuore pulsante dell'intera operazione. Il piano editoriale non è infatti – come qualcuno pensa – un'accozzaglia di concetti informatici e grafici che descrivono la struttura fisica del sito. Il piano editoriale è una sorta di sceneggiatura del tuo sito. È un documento che racconta quali sono i migliori contenuti scelti per parlare con il pubblico a cui siamo interessati a rivolgerci.

Hai presente la sceneggiatura di un film? Pensa per un attimo alla produzione di un «filmone». Il genere sceglilo tu: può essere molto divertente, romantico o d'azione. L'importante è che ti abbia fatto vivere delle belle sensazioni. Ecco, considera che quel film – che tu hai visto accomodandoti felicemente in una poltrona di una multisala cinematografica, o beatamente sprofondato sul divano di casa – è comunque un prodotto artistico cresciuto nel tempo e che prima di diventare pellicola ha seguito un percorso dai contesti molto diversi e integrati fra loro. Inizialmente è diventato una storia scritta su carta. Gli sceneggiatori e il regista hanno infatti passato insieme diverse settimane, durante le quali hanno immaginato – pezzo per pezzo, scena dopo scena – la trama del film.

Ma se avessero scritto tutte queste belle idee su un malloppo di paginette destrutturate, credi che avrebbero raggiunto ugualmente il loro scopo? Pensiamoci insieme: qual è il loro scopo? Intanto quello di farsi finanziare il film. Dunque, il documento – in questo caso, la sceneggiatura – deve essere scritto con una struttura chiara, leggibile ed efficace. Perché finirà sul tavolo del produttore, vale a dire la persona che deve *sganciare* i quattrini per sostenere l'intero progetto. In caso di approvazione – se avrai fatto un buon lavoro – la sceneggiatura / piano editoriale arriverà allora nelle mani degli attori, dei direttori di fotografia, delle maestranze, di coloro che fisicamente contribuiranno a girare il film. Lo stesso documento sarà però anche letto dai responsabili del marketing, dall'ufficio stampa, da chi si occupa della pubblicità: sono loro a dover decidere come valorizzare il tuo prodotto, quali sono i punti di forza per impostare la campagna di comunicazione.

Dunque, avrai capito quanto il piano editoriale sia un documento davvero importante. Infatti, capita lo stesso anche in un'azienda, dove c'è chi si occupa delle linee editoriali del sito, chi deve approvare economicamente il progetto, chi scriverà e pubblicherà i contenuti, chi aiuterà a promuovere e veicolare i messaggi.

L'indice del documento di progetto

Vediamo ora quali caratteristiche sono funzionali alla stesura di un documento di progetto. Il piano editoriale è un documento (solitamente in Word) contenente le indicazioni che riassumono:

- la tipologia del portale che si vuole creare o di quello di cui si vuole operare il restyling;
- quali sono gli obiettivi di comunicazione da raggiungere;
- a quali target è indirizzata la comunicazione;
- quali sono i punti di forza sui cui puntare l'attenzione;
- con quale registro comunicativo si intende ottenere il risultato;
- la struttura del sito con lo schema dei servizi e dei contenuti da sviluppare;
- i ritmi di aggiornamento e il processo di governance del sito o portale.

Nel capitolo 1 descrivi lo scopo del progetto: quali sono gli obiettivi di comunicazione, i target a cui ti stai indirizzando, i punti di forza ed eventuali vincoli operativi (sicurezza dei dati, privacy, piattaforma IT, accessibilità, tipologia dei gruppi di lavoro interni e dei fornitori esterni).

Nel capitolo 2 parla del modello di comunicazione: quanto e come il tuo sito rispetta i requisiti di accessibilità e usabilità, lo stile grafico, il modello di navigazione (con almeno una flow chart dell'homepage) e alcune considerazioni sullo stile linguistico che vuoi adottare (tipologia di naming, linguaggio professionale/colloquiale, specializzato/divulgativo, sintetico/articolato ecc.). In questa sezione dedica qualche paragrafo anche alla scelta dei colori, del lettering, dell'iconografia (immagini, icone, disegni e altri elementi grafici), degli elementi multimediali (infografica, flash, video).

Nel capitolo 3 prepara uno schema dei contenuti e dei servizi. Con PowerPoint puoi utilizzare l'applicazione per gli organigrammi e creare una vera e propria alberatura a piramide, partendo dalla homepage e proseguendo con le sezioni di secondo e terzo livello. Oltre a questa chart gerarchica e riassuntiva, dedica alcuni paragrafi di Word alla descrizione:

- delle sezioni di contenuto;
- dei servizi online B2C, B2B e di utilità (e-commerce, e-procurement, form interattivi, webmail, newsletter...);
- dei servizi di comunità e web 2.0 (social network, blog, video, chat, sondaggi, widget...).

Nel capitolo 4 concludi con uno schema di governance che definisca le politiche di gestione del portale dopo la messa online. Elenca i responsabili per ciascuna sezione di servizio e contenuto, le fonti per l'aggiornamento del portale, i ritmi di aggiornamento di ciascuna sezione.

La struttura dei contenuti

Approfondiamo, infine, il tema della suddivisione dei contenuti per il tuo sito web. Ti riporto qui sotto, per sommi capi, un esempio di struttura che molte PMI, studi professionali e agenzie di comunicazione utilizzano per promuoversi al meglio sulla Rete.

Prodotti e servizi

È la sezione dove devi presentare il cuore della tua attività. Come già ampiamente ripetuto, non scrivere contenuti pensando ai tuoi prodotti (nonostante tu ne sia innamorato!). Parti invece dal pubblico, dalle esigenze delle singole persone e dai benefici che la tua soluzione può apportare. Solo dopo – ma in maniera sintetica – puoi approfondire il tema delle caratteristiche (scheda prodotto). Molto efficaci sono le testimonianze di altri clienti o di personalità con cui hai stretto relazioni e a cui può far piacere spendere un buon giudizio nei tuoi confronti. Questo blocco risponde alla domanda «Cosa?».

Chi siamo

Il profilo aziendale racconta la storia, le persone (non sempre) e il metodo di lavoro. È il «Come lavoriamo». La specificità che ti contraddistingue, la filosofia di fondo (visione), gli obiettivi di business che hai deciso di perseguire fin dall'inizio della tua attività (missione). Qui puoi anche descrivere l'importanza che riservi al tuo cliente/utente/lettore. E il lavoro di preparazione/formazione che sta dietro le quinte. Non dare per scontato che le persone vedano oltre la punta dell'iceberg: tocca a te far conoscere tutto ciò che sta al di sotto del livello dell'acqua!

Case histories

In assoluto, una delle sezioni più visitate dal tuo pubblico. È qui che puoi comunicare «Ecco come abbiamo già risolto in passato questa esigenza, con altri clienti». L'efficacia si manifesta grazie al principio di «riprova sociale», del quale parleremo nel capitolo sulla scrittura persuasiva. Ti raccomando la descrizione dei progetti in corso, dei lavori eseguiti, dei riconoscimenti ricevuti. Struttura questa scheda secondo la triade Contesto-Obiettivi-Attività.

Team

Ci sono due scuole di pensiero. C'è chi parla di persone nell'ambito del «Chi siamo» e chi invece preferisce presentare a parte il team di lavoro. Nel primo caso, le persone vengono percepite come «molto identificate» con l'azienda. E questo è un bene solo in parte, è un valore che va gestito con sapienza per evitare l'appiattimento del fattore umano. Oggi, d'altronde, l'uomo-azienda va meno di moda rispetto ai businessman degli anni Ottanta e Novanta. Nel secondo caso, invece, esce meglio lo storytelling, la narrazione dei singoli come portatori di valore verso l'impresa, ognuno con la sua specificità e attenzione al lavoro. Qui puoi anche dare spazio alla creatività e presentare le persone con un filo d'ironia. Ecco cosa scrivevo tempo fa, quando lavoravo per l'agenzia Cultur-e di Roma. È un esempio di profilo creativo elaborato per una mia collega:

In punta di piedi è scesa dalle colline del Vicentino fino alle calli nebbiose della Laguna veneta, dove si è laureata in Filosofia. Ha iniziato a percorrere timidamente le caotiche strade della Città Eterna per seguire un corso in Formazione editoriale e un master in Comunicazione delle politiche culturali. Ora, a distanza di qualche anno, sfreccia sulla tangenziale di Roma alla guida di due o quattroruote, secondo umore e necessità.

Elena – colonna «progettuale» di Cultur-e sin dalla fondazione – è instancabile, tenace e pignola. Un paio di giorni a settimana vince la gara di «apertura-ufficio» con la signora delle pulizie. Quando in redazione c'è ancora la nebbia, lei si circonda di tisane, infusi e biscotti da Agatha Christie. Poi dà la sveglia ai grafici di mezzo mondo, dirigendone le peripezie artistiche con l'auricolare reso famoso dall'accoppiata Boncompagni-Ambra.

Ama molto viaggiare, conoscere, esplorare: sue le foto che girano condivise di Paesi dell'altro mondo come Sudan, Afghanistan, Perú, Mongolia, Albania. Se le chiedi «Com'era?» ti può spiazzare con un «Interessante…!». Non preoccupatevi se, quando picchia sulla tastiera, non risponde ai vostri saluti: la risposta è solo in stand-by, nella casella posta in uscita.

Contatti

Non sottovalutare questa pagina, lasciandola di fatto vuota. Pubblicare esclusivamente il modulo di contatto (nome, cognome, email e testo del messaggio) dà un po' l'idea di una bacheca annunci. Non c'è quel calore che persuade il tuo lettore a scriverti e, soprattutto, ad avere la sensazione che il suo messaggio sarà letto e considerato da una persona in carne e ossa (e non da un freddo computer). Il modulo in sé va bene, perché così eviti di esplicitare in chiaro la tua email contatti (che è subito preda degli spammatori di professione). Oltre a questo, però, spenderei qualche parola in più per gratificare chi sta investendo tempo e fiducia nella tua azienda.

Ecco che cosa ho scritto nella pagina del mio blog:

Scrivimi ora per avere informazioni, approfondimenti e preventivi sulle attività che risolvono le tue esigenze di comunicazione. Ti ricontatterò a breve per darti le risposte che cerchi e consigliarti la soluzione più adatta ai tuoi obiettivi.

> Puoi compilare il form qui sotto o, se preferisci, scrivermi un'email a: alessandro.dattilo@gmail.com
> Tutti i messaggi vengono letti e ricevono risposta entro 48 ore lavorative.

Oltre a questa frase di call to action, la pagina «Contatti» ti dà l'occasione per aggiungere il «Dove siamo» con la relativa mappa e un minimo di informazioni per raggiungere la sede della tua organizzazione. Se poi il sito web è quello di una struttura turistico-alberghiera, o di un evento a cui è attesa una certa quantità di pubblico, allora puoi dilungarti in dettagli decisamente utili, come la posizione:

> Il nostro residence si trova nell'antico quartiere residenziale della Crocetta, a un solo chilometro dal Politecnico di Torino, a 1,5 km dalla metropolitana Vinzaglio, a 5-6 minuti di automobile dalle stazioni ferroviarie di Porta Susa e Porta Nuova, a 7 minuti dalla zona degli ospedali (Molinette) e a circa 10 minuti dalla centrale piazza Castello.

E le modalità per arrivare in auto, aereo, treno, taxi e mezzi pubblici.

Strumenti

A seconda della tipologia del sito o dell'attività che svolgi, se riesci a radunare dei contenuti gratuiti di grande valore aggiunto per il tuo pubblico sarai certamente ricambiato: se non altro in visite e condivisioni! Regalare qualcosa è uno dei principi fondamentali della persuasione (ci ritorneremo quando parleremo di «Reciprocità»). Ad esempio, puoi far scaricare un ebook, uno o più file audio in formato mp3, una serie di video che aiutano il lettore/cliente a prendere confidenza con gli argomenti che ti stanno a cuore. E che risolvono da subito un suo problema reale. Ecco cosa può offrire un'azienda che si occupa di formazione a livello internazionale. Qui è il CEO che si rivolge in prima persona ai suoi clienti:

> Da quando nel 1998 ho iniziato a occuparmi di investimenti e ho frequentato i miei primi corsi su questo argomento, è uno dei trainer che più mi ha ispirato. Infatti è proprio grazie ad alcune sue strategie che qualche mese fa ho fatto un'operazione di inve-

stimento immobiliare che mi ha permesso di raddoppiare il capitale investito in soli 2 mesi e mezzo. Parlo di Robert Allen, uno dei coach più seguiti al mondo sulla libertà finanziaria.

Per darti la possibilità di accumulare denaro fin da subito, partendo anche da un solo euro al giorno e qualunque sia la tua situazione economica oggi, abbiamo chiesto a Robert di realizzare appositamente per te 3 VIDEO OMAGGIO in cui ti parla personalmente per spiegarti da dove iniziare, cosa fare e cosa NON fare per diventare LIBERO finanziariamente.

E lo ha fatto con una modalità storytelling. Con un protagonista, una linea del tempo, una prova superata e un risultato finale.

Per le aziende più grandi

Aggiungo ancora qualche riga per ciò che riguarda i siti web di organizzazioni un po' più grandi rispetto a una PMI. Nel caso di multinazionali, o di aziende quotate in Borsa e con sedi all'estero, o di imprese semplicemente certificate, può essere necessario aggiungere qualche sezione. Esempi:

- Organigramma
- Codice Etico
- Bilanci
- Certificazioni qualità
- Sostenibilità
- Sala stampa
- Lavora con noi

Per ognuna di esse, non scordarti mai di scrivere i contenuti ragionando dal punto di vista del cliente/utente. Un esempio? Nella sezione «Sostenibilità» non iniziare a snocciolare tutti i premi vinti, i bilanci certificati, gli eventi organizzati, le iniziative per l'ambiente. Sforzati di partire dai reali benefici che i cittadini ricevono dalle attività legate all'ambiente. Il tema è sempre quello, ma la costruzione del tuo testo avrà una prospettiva e una luce diverse agli occhi dell'interlocutore.

La scrittura in Rete: titoli e testi efficaci

Passiamo ora alla scrittura di una generica pagina in Rete. Partendo da una semplice considerazione: dato che un contenuto web si legge attraverso lo schermo di un computer, la modalità di lettura di un sito sarà diversa da quella di un volume cartaceo, una rivista o un quotidiano. Pensaci bene. Quando sei davanti a uno schermo è probabile che il tuo occhio dia istintivamente uno sguardo in generale sull'intera pagina visualizzata. La prima cosa che ti attira, insieme alle foto, sono i titoli, per poi passare alle porzioni di testo meglio evidenziate. Se guardassimo la traccia lasciata dal tuo occhio sullo schermo, vedremmo una scia che inizia dalla zona in alto a sinistra, per poi scendere verso il basso (di solito in diagonale) e risalire infine verso destra. Ecco perché in Rete, una pagina ben strutturata e organizzata è più invitante da leggere.

Vediamo ora qualche regola semplice su come scrivere in maniera efficace un titolo accattivante e intuitivo. Sul Web, la lettura spesso è affrettata e disattenta. Lo sanno bene gli addetti ai lavori, pubblicitari e giornalisti in primis: metà del lavoro è già fatto se il titolo (o lo slogan) è indovinato, se colpisce nel segno. Posso confermarti che il titolo è considerato una vera e propria «porta d'ingresso» al testo. Per essere valido ed efficace, un buon titolo in Rete deve possedere due elementi distintivi:

- essere attraente così da stimolare una persona a leggere il resto;
- far capire rapidamente a chi legge se la pagina contiene le informazioni ricercate.

Qualche esempio?

- Titolo per un giornale: *Carla e Sarko in India, con la suocera.*

Come si fa a resistere? La tentazione di andare a leggere i particolari è davvero forte...

- Titolo per un blog: *3 modi per mantenere alta la motivazione.*

Anche qui, un titolo del genere ti invita ad andare a scoprire i 3 modi per...

Non dimenticare il sottotitolo, detto anche «sommario». È essenziale perché fa da collante tra il titolo vero e proprio e il testo sottostante. Di fatto è una sorta di guida alla lettura di un intero articolo. Nel sommario, così come nel titolo, la tendenza è di leggere le prime parole. Un esercizio, questo, praticato anche dai motori di ricerca. È bene quindi concentrarsi su un sommarietto che vada subito al punto, senza divagazioni inutili. Non è male se titolo e sottotitolo formano visivamente un blocco unico: stesso font e senza spazio tra uno e l'altro.

Esempio:

- *Assange: «Se Obama sapeva, si dimetta»* (grassetto corpo 10)
Intervista del «País» via chat al fondatore del sito che ha rivelato i cablo riservati della diplomazia Usa (normale corpo 9)

Vediamo come rendere il testo organizzato e nitido. Per migliorare la leggibilità di una pagina, ed evitare l'effetto «muraglia di parole», ti consiglio di:

- far respirare il testo dividendolo in blocchi brevi, ovvero paragrafetti separati da una doppia spaziatura;
- usare l'impaginazione a sinistra, considerata la più leggibile dagli esperti di usabilità;
- usare elenchi puntati come questo.

Non dimenticare ora di presentare il tuo testo in maniera chiara e comprensibile. Fino a pochi anni fa c'era qualche webmaster che si ostinava a utilizzare font poco leggibili su schermo, come il Times New Roman. Va bene che il Times è il font «classico» e «cartaceo» per eccellenza (quello dei romanzi Einaudi, tanto per capirci) ma per la tua pagina web – specie se è un blog, dove il tono richiama alla familiarità – il carattere scelto dovrà essere un Arial o un Verdana, che risultano leggibili anche a piccole dimensioni (9 o 10 punti).

Vuoi usare un font con le grazie? I caratteri graziati sono quelli che hanno delle particolari terminazioni alla fine dei tratti delle lettere. Gli antichi romani li usavano per scrivere sulle lapidi, dove era molto difficile scalpellare nel marmo angoli di novanta gradi necessari a terminare le aste. In termini tipografici, i caratteri senza grazie vengono invece chiamati «bastoni», «lineari» o «sans-serif» (dal francese sans, «senza»). Se intendi, dunque, utilizzare un font con le grazie puoi scegliere il Georgia o il Garamond o il Bodoni. Puliti, ordinati, con le lettere che respirano tra di loro e non si impastano.

Evidenziare parti di un testo

Spesso sui giornali, ma anche nei romanzi, per evidenziare una parola si utilizza il corsivo. Corsivo che è usato anche per i titoli di opere (libri, film, canzoni). Quando ancora si scriveva a mano con carta e penna (divagazione: concediti ogni tanto l'esercizio liberatorio e artistico di scrivere una pagina di quaderno o di blocnotes con la penna a sfera. E poi guarda quanta emozione rimane sulla carta...), quando – stavo dicendo – si scrivevano appunti o lettere con la penna biro o la stilografica, per evidenziare una parola si usava sottolinearla. Si dice anche nel linguaggio parlato: «Voglio sottolineare questo concetto...».

Sul Web il corsivo e la sottolineatura non funzionano granché. Meglio usare il grassetto. Oppure, in alternativa, il colore, ma senza esagerare, *please*! Ricordati che il colore blu, in certi casi, è associato ai link ipertestuali (che di recente non vengono più neppure sottolineati). Dunque, attenzione a non fare una marmellata di colori...

Ricapitolando:

- riduci o evita il corsivo (si legge male sullo schermo);
- in qualche sito il sottolineato si può confondere con un link ipertestuale;
- anche il MAIUSCOLO è poco usato, perché è come se si stesse gridando. Inoltre l'occhio fatica a distinguere bene le singole lettere.

L'uso corretto dei link

A volte ti sarà capitato – durante la scrittura di una pagina web, di un progetto, di un'email o di una relazione di lavoro – di farti prendere dall'ansia di dover dire tutto ciò che ti sta passando per la mente. Persino nella stesura di un semplice post di un blog questa preoccupazione ti costringe a deviare dal corso principale, facendoti perdere il filo e «sbrodolando» contenuti che arrivano a sfibrare il povero lettore... Meglio riorganizzare le idee e iniziare a inserire approfondimenti e citazioni sotto forma di link.

I link, in fondo, rappresentano la porta da attraversare per entrare in nuovi mondi, carichi di incognite e di aspettative. È un gioco, se vogliamo, a cui puoi sottoporre (con garbo) il lettore: il quale può scegliere se aprire subito la finestra di approfondimento o se invece continuare nella lettura, per dedicarsi solo in un secondo tempo alla ricerca di particolari secondari e correlati. Senza link, dunque, non può accadere nulla di profondo, non c'è ipertesto, non c'è sorpresa. La lettura rimane un'esperienza prevedibile. Simile a quella di una pagina cartacea.

Per questo la peculiarità del Web va sfruttata. Le poche parole che sceglierai di evidenziare e linkare saranno come perle che emergono da un fondale omogeneo. Il link va dunque scelto con cura, collocato nel punto giusto. E poi deve essere funzionante nel tempo. Cosa c'è infatti di più sgradevole di un link rotto (la pagina non si apre o è stata eliminata)? Forse soltanto un link che reindirizza su una pagina che non è quella promessa. Se la descrizione è vaga, il tuo lettore resterà deluso. Era saltato dall'altra parte convinto di trovare subito la spiegazione di quello che gli stavi dicendo. E invece sarà costretto a scrollare fino in fondo, superando paragrafi, tabelle, immagini, come in un percorso a ostacoli o una caccia al tesoro...

Ogni tanto capita anche sui quotidiani cartacei o sui periodici. Leggi in prima pagina un rimando (o un titolo da un sommario) a un articolo che sta all'interno. Vai alla pagina indicata e scopri che invece c'è tutt'altro. Non ti fa arrabbiare? Il redattore si è dimenticato di correggere il numero di pagina, che nel frattempo è mutato perché il giornale ha cambiato la sua impaginazione... È un piccolo refuso, ma ci fa perdere la concentrazione, il ritmo e la voglia di proseguire nella lettura.

Proviamo a riassumere i consigli principali nell'uso dei link:

- **Evita il «clicca qui»** – Le parole sono come un titolo e devono parlare al tuo lettore. È meglio quindi: «Leggi il programma della rassegna musicale».

- **Inseriscili dopo il primo paragrafo e senza esagerare** – Troppi link distraggono e infastidiscono. E poi il lettore non va perso subito verso altre destinazioni.
- **Organizza i link in maniera non casuale** – I collegamenti devono seguire un percorso logico. Non sono digressioni schizofreniche. Per aiutarti, predisponi una mappa dei contenuti di un sito, così da pianificare su carta i collegamenti tra le diverse pagine o tra un paragrafo e l'altro.

Allenati ad alleggerire un testo inserendo una serie di link (o all'interno dei paragrafi o alla fine di una pagina). Ricorda che il link ti evita la responsabilità di dover spiegare tutto nella pagina di partenza. Prendi un tuo testo, o uno che hai selezionato, e prova a linkare:

- glossari o voci di enciclopedia (ad esempio Wikipedia);
- approfondimenti;
- pagine che trattano argomenti simili nello stesso sito (correlati);
- opinioni o commenti di altre fonti più autorevoli;
- informazioni complementari;
- biografie e profili di personaggi citati.

E ora tocca a te!

Molto bene. Ora hai davvero tutti gli elementi per fare un buon lavoro. Inizia a organizzare e a mettere in pratica le informazioni di cui ti ho parlato in questo capitolo!

Come primo esercizio, seleziona un paio di pagine da due siti internet diversi. Da una parte, un articolo preso da un quotidiano online. Dall'altra, una pagina commerciale (un'azienda che si presenta o la descrizione di un prodotto). Analizzale e cerca di chiarire se chi le ha scritte ha rispettato i punti cruciali della scrittura efficace. Puoi fare di meglio? Pensando al pubblico a cui ti vuoi rivolgere, c'è un modo migliore per dire le stesse cose?

Come seconda prova, invece, cimentati con la scrittura di una bozza di piano editoriale:

- fai un'analisi di benchmark del tuo settore;
- stabilisci gli obiettivi di comunicazione e decidi che tipo di sito vuoi progettare;
- identifica il tuo target;
- chiarisciti il posizionamento e i punti di forza da valorizzare;
- scrivi il tuo documento di piano editoriale;
- all'interno del piano editoriale, prevedi uno schema con la struttura dei contenuti;
- scrivi i testi delle singole pagine, tenendo a mente sia gli elementi di base della scrittura efficace sia le regole di Web writing di cui abbiamo parlato in questo capitolo.

Ottimo! Ora sì che siamo entrati nel vivo di quello che intendo per scrittura efficace. Sappi che tutte queste informazioni – così come gli esercizi – ti saranno utili da subito e potrai applicarle con semplicità nel tuo lavoro. Specialmente dopo aver letto il prossimo capitolo: quello riguardante uno strumento di comunicazione molto popolare e diffuso!

XIII
Email, mia cara email

«È difficile avere tante sensazioni
da poter scrivere più di una lettera al giorno.»

Peter Handke, *Il peso del mondo*

«Ti ho mandato un'email.»

Quante volte hai ascoltato questa frase. Magari anche oggi stesso.

Come per dire: io quella cosa te l'ho detta! E sì, perché nell'epoca delle tante (troppe) email, la posta elettronica ha sostituito di fatto la raccomandata, quasi sempre senza ricevuta di ritorno. È un modo per proteggersi dai classici equivoci del colloquio «faccia a faccia», che in assenza di testimoni può diventare tutto e il contrario di tutto. *Scripta manent*, l'abbiamo già detto.

Rispetto ai social network, l'email è una comunicazione molto più unidirezionale. Si danno informazioni, suggerimenti, indicazioni. Ma anche ordini di servizio. Al collega o destinatario non resta che cautelarsi possibilmente rispondendo in tempi non giurassici. A volte, in maniera assurda, si discutono comportamenti al limite della privacy: «Perché non hai letto l'email, anche se avevi 40 di febbre?».

E la telefonata? Anche lei sta passando un po' di moda, al di là dei costi e della diffusione di canali gratuiti come Skype o WhatsApp. Unico caso in cui il telefono trionfa sempre è il gossip: spettegolare a viva voce dà sempre un gusto maggiore (e non restano tracce!).

Processare le email

La posta elettronica è comunque una schiavitù dei nostri tempi, anche perché si mandano email per qualsiasi cosa, anche al vicino di scrivania o al cliente che sentiremo al telefono tra 20 minuti. Peggio che mai a mogli, mariti e figli... Siamo succubi delle nostre caselle «inbox», verso le quali scattiamo come centometristi ogni qualvolta il nostro smartphone ci avvisa che qualcuno ci ha appena intasato la posta.

In tutti i manuali di gestione del tempo si invita il lettore a «processare subito», ovvero a smaltire con regolarità le email per non accumulare e procrastinare attività a volte molto importanti. Ma se diventano un'ossessione, le email risultano una distrazione che impedisce alla nostra concentrazione di portare a termine un'attività.

Un consiglio? Recintale in precisi intervalli di tempo. Guarda la tua casella non più di quattro volte al giorno: mattina presto, prima di pranzo, primo pomeriggio e in chiusura di giornata lavorativa. Ho sperimentato che le persone si abituano ai tuoi standard. A seconda del mestiere che fai, eccezionalmente puoi dare un'occhiata anche la sera. Ma non subito prima di andare a letto: ti porteresti nel sonno pensieri rimandabili al mattino dopo.

I rischi dietro l'angolo

In quasi tutte le aziende e organizzazioni, le email hanno sostituito il colloquio dal vivo. È un modo per deresponsabilizzarsi, per delegare rispetto all'impegno di affrontare una comunicazione su più livelli (argomento che affronteremo meglio nel capitolo sulla scrittura persuasiva).

In realtà l'email è un po' più faticosa, perché scrivere è più complesso che parlare (e leggere impegna più che ascoltare). Ci sono aspetti critici che vanno gestiti, come il già citato «sovraccarico». C'è poi l'effetto-cestino, il rischio concreto di essere eliminati dopo la lettura della prima riga. Confesso che di certe email non leggo neppure l'oggetto. Mi basta il mittente!

Come per tutta la scrittura sul Web, anche nell'email vale la regola della lettura su schermo. Chi sta dall'altra parte percepirà solo una porzione della tua email, più che mai dopo la diffusione planetaria degli smartphone (dove la porzione è ancora più piccola). Messaggio in codice al navigante: scrivi ricordandoti la regola delle 5 W. Le informazioni più importanti vanno date subito, per evitare l'effetto «scrollo».

Ci sono poi altre due criticità dietro l'angolo, quando si parla di email. Una è legata al linguaggio trasandato. Prima di vedere insieme i vari aspetti della struttura di un'email, ti anticipo un punto: non trascurare la fase di editing e la revisione. Gli errori e le imprecisioni in un'email equivalgono ad andare a un appuntamento di lavoro con la camicia sporca di sugo. Generano l'effetto vetrina di un negozio in abbandono: piena di polvere e di prodotti «stonati». Per questo invito sempre a non avere fretta: prima di inviare un'email, se necessario, stampa il testo e rileggila ad alta voce.

L'altro fattore che non aiuta è l'omologazione. Quanti messaggi tutti uguali! Specialmente negli studi professionali e nelle aziende poco digitali. Non dico di essere originali e creativi a tutti i costi: penso invece che sia utile dedicare qualche minuto a trovare uno spunto di novità e differenziarsi dai treni di email in batteria.

Email, strumento multitasking

In ogni caso, la posta elettronica resta uno strumento favoloso. Se sei un lettore molto giovane, ti sarà difficile immaginare i tempi in cui negli uffici si comunicava soltanto per telefono e fax. Lunghe file di gente in attesa di un foglio sputato da una macchina dal sibilo fastidioso...!

Oggi, invece, l'email sostituisce il telefono (anche troppo) perché è un mezzo veloce, economico e multidestinatario. Oltretutto permette una comunicazione asincrona: il mittente spedisce il messaggio e continua a effettuare le proprie operazioni. Personalmente utilizzo l'email anche per mettere ordine nelle fasi di lavoro: per fare il punto, per riunire le fonti, per decidere insieme ad altri le nuove azioni per smuovere un progetto.

Scrivono Luisa Carrada e Giuseppe Militello, nel loro ebook *L'email per lavorare e vivere meglio in azienda*:

> Nella scelta dello stile di comunicazione il messaggio email deve seguire le regole definite anche per altri tipi di messaggio: maggiore formalità con destinatari sconosciuti o verso i quali è opportuno un maggiore riguardo; comunicazione «alla pari» all'interno della propria azienda; assoluta informalità con i collaboratori più stretti.
>
> Per capire come risolvere il dilemma «essere o non essere formali» conviene partire dalle caratteristiche strutturali del messaggio di posta elettronica.
>
> - A differenza del colloquio interpersonale o telefonico, non prevede interazioni: chi scrive può esprimere senza interruzioni tutto quello che intende dire, ma non può correggere tono e contenuto sulla base delle reazioni dell'interlocutore.
> - Utilizza una sola forma di comunicazione, quella scritta, mentre il colloquio diretto e quello telefonico consentono di attivare diversi canali oltre quello strettamente verbale (non verbali: attraverso le espressioni, gli sguardi, la gestualità, la postura, basati sul tono della voce, sull'umore che traspare dal tono, sulle pause tra una fase e l'altra, sulle interruzioni dell'interlocutore, sulle modalità di interazione).
> - Può essere strutturato liberamente mettendo in risalto in vari modi (uso del grassetto, del corsivo, degli spazi, delle sottolineature) quello che ci interessa evidenziare.
> - Può essere rivisto e modificato fino all'ultimo momento prima dell'invio.
> - Una volta inviato non è modificabile, lascia una traccia indelebile e soprattutto non controllabile.
> - Arriva subito: se il destinatario è in Rete ne può prendere visione e, magari, rispondere subito.
> - È un documento. Anche a distanza di tempo testimonia un nostro comportamento, un'opinione, una scelta. Può perfino essere usato contro di noi.

Per questo vale la pena, al momento di scrivere un'email, domandarsi quale sia il giusto livello di formalità da usare.

Posso dirti come mi regolo io. Intanto tengo sempre presente l'idea che sto scrivendo a una persona, non a un'entità astratta. Ciò mi aiuta a entrare in empatia con lui (o lei), a non usare termini complicati, frasi lunghe, concetti complessi. È pur sempre un'email, che deve essere percepita in modo chiaro e immediato.

- Se scrivo a un dirigente, un direttore, un amministratore delegato, sarò formale ma non ossequioso o burocratico. Nessun «Suo» o «Le» con l'iniziale maiuscola: rischierei di finire in un raduno di reduci fantozziani. Inizierò quindi con un «Gentile Dottor Rossi» e chiuderò con «La saluto cordialmente».
- Stessa cosa se sto scrivendo a un fornitore, a un professionista o a un amministrativo con cui ho una confidenza media (ci siamo già visti di persona): qui userò le prime volte un «Caro Benedetti» o al limite un «Gentile signora Paola».
- Se scrivo un'email a un collega, sarò più informale ma comunque cortese. Attaccherò con un «Caro Gianluca» e cercherò di non inserire troppe persone tra i destinatari in conoscenza.
- Se devo scrivere al mio capo, prima di iniziare mi focalizzo bene sull'obiettivo dell'email. A seconda dell'argomento, potrebbe essere meglio parlarne a voce (dal vivo, su Skype o al telefono). Sullo stile, cerco di adeguarmi il più possibile al suo. Se abbiamo un rapporto informale, non diventerò di colpo rigido, a meno di voler prendere le distanze per qualche criticità in atto. Restando cortese, esporrò in breve il mio pensiero, facendo attenzione a ciò che scrivo. L'email potrebbe infatti essere inoltrata ad altri destinatari.
- Se scrivo a qualcuno che non conosco, cerco di mantenere un giusto mix: né troppo burocratico né confidenziale. Darò comunque del «lei» e mi regolerò in base all'età, alla professione, agli interessi comuni, allo stile di comunicazione. Spesso – almeno la prima volta – mi tengo sul «Gentile signor Rossi». Se intuisco un po' più di informalità, allora do del «lei» ma uso il nome di battesimo: che come ben sanno i venditori, rappresenta un suono molto familiare e benevolo per ognuno di noi. Nulla di male quindi nell'esordire con un «Buongiorno Andrea» o un «Buongiorno Stefania», per poi far capire l'obiettivo dell'email già dalle prime righe.

Ecco un paio di mie email come esempio. Ti specifico prima che tra giornalisti è prassi comune evitare il «lei» a qualsiasi livello. Anche l'ultimo praticante, qualora andasse a colloquio con il direttore del «Sole 24 Ore» – o dovesse scrivergli un'email – potrà rivolgersi con il «tu».

Buongiorno Guido,

sono Alessandro Dattilo di «Torino Storytelling». Come sai, ho avuto il piacere di essere intervistato dalla vostra Gloria Cardano per il prossimo numero di «Torino Magazine». Mi ha fatto molto piacere il vostro interesse e l'ospitalità ricevuta.

Rileggendo con calma il tuo ultimo editoriale, specie in merito al rapporto tra «old» e «new» media, volevo chiederti un piccolo favore. Venerdì 9/11, in mattinata, sarà di passaggio a Torino Francesca Quaratino, una mia amica e collega (esperta di Rete e Social, ma dal punto di vista di un'antropologa).

Con lei stiamo portando avanti il progetto «Torino Storytelling». Le ho parlato di te e della tua rivista ed era molto affascinata dal poter fare un salto da voi in redazione. Pensi che la cosa sia possibile per pochi minuti? Sarebbe poi molto bello, se sarai presente, poterci conoscere di persona e scambiare due chiacchiere per il tempo di un caffè.

Ti ringrazio e resto in attesa di tua conferma.

Buona giornata Guido,

Alessandro

È interessante notare l'attacco molto empatico (ne parleremo meglio nel capitolo sulla scrittura persuasiva, dove tratteremo la tecnica del feedback). Nel corpo dell'email faccio poi riferimento all'aggancio tra un tema a lui caro (rapporto tra editoria e new media) e l'opportunità di vederci di persona. In chiusura vado dritto verso l'azione che mi aspetto da lui: fissare un appuntamento ed essere ricevuti in redazione. La scrittura è efficace perché dopo circa un'ora mi risponde così (dal BlackBerry):

Ciao Alessandro,

vi incontro con molto piacere. Facciamo verso le 11 e 30? Questo è il mio cellulare 335.xxxxxx, se mi mandi il tuo ci aggiorniamo più velocemente

Guido

Gli elementi di un'email

- **Mittente** – Quando vado a fare coaching nelle aziende, spesso mi rendo conto che si tratta di un passaggio decisamente trascurato. Invece è critico! Insieme all'oggetto, è l'unico elemento della tua email che il lettore guarderà prima di decidersi: «Apro o non apro il messaggio?». Fondamentale dunque per comunicare credibilità e affidabilità. Impostalo in modo chiaro, specifico e preciso. Elimina le sigle misteriose e rendilo immediato da capire. È pur sempre la tua prima firma verso il lettore. Ricevo comunicati da mittenti «Ufficio Stampa» (o peggio «Nome Cognome») quando sarebbe più efficace «Ufficio Stampa Social Media Festival».
- **Oggetto/1** – Vuoi che la tua email venga almeno aperta? Vuoi evitare che finisca preda dei filtri antispam? Allora, prima ancora di metterti a scrivere, dedica la massima attenzione alla riga dell'oggetto. Intanto non saltarla mai. Riesci a immaginare per un attimo la sensazione di ricevere un'email senza oggetto? Magari qualcuno lo fa per girarti al volo un documento di cui ti ha appena parlato al telefono... Mittente, allegato e stop. Come un pacco anonimo! Sarò un «precisino», ma a me non piace lo stesso lasciare il campo vuoto. Anche se sai perfettamente cosa stai ricevendo, l'oggetto lo aggiungo ugualmente per darti la possibilità di archiviare la mia email e fartela ritrovare anche tra un mese. L'oggetto efficace è una cura in più verso il destinatario.
- **Oggetto/2** – Una persona su due apre un'email basandosi solo sul titolo: e secondo varie ricerche, i titoli più brevi (sotto i 10 caratteri) hanno un tasso d'apertura enormemente maggiore. L'oggetto di un'email deve essere quindi breve, esplicito e il più possibile preciso. Cerca di condensare in quei pochi caratteri il contenuto del messaggio. Dopodiché evita assolutamente i termini generici che vogliono dire tutto e non dicono nulla. D'altronde, l'oggetto è il fulcro, è ciò che convince qualcuno ad aprire la tua email. È di fatto l'equivalente del titolo di un libro o di un articolo. Deve informare, ma an-

che persuadere, valorizzare. Studia quindi bene l'obiettivo e il destinatario, facendo sì che l'oggetto sia complementare al mittente. Qualche esempio di oggetto inefficace:

no > Fattura
meglio > Fattura pulizia ufficio

no > Pianificazione
meglio > Elenco articoli 18 novembre

no > Dati
meglio > Generalità per l'accredito stampa

no > Comunicato Stampa
meglio > Blog Tour #OperaEquestre del 19 giugno

no > Offerta vacanze
meglio > Estate 2014 in Andalusia

- **Oggetto/3** – L'oggetto efficace di un'email è determinante per stabilire la vita o la morte immediata della comunicazione che hai appena confezionato. Molte persone, infatti, hanno una cura dettagliata nello scrivere un'email unica ed emozionante, ma si perdono nel risultato finale solo per aver inserito un oggetto qualsiasi. L'oggetto, per essere efficace, deve comunicare inconsciamente al tuo lettore: «Leggimi subito, questa email è una fantastica opportunità per te». Anche a livello privato, invece di scrivere «Festa di compleanno», sforzati di trovare un breve slogan che si faccia ricordare: a questo proposito, cito l'email di una mia collega il cui oggetto era sinceramente efficace: «Save the date – Invito alla mia festa sabato 5 giugno».
- **Oggetto/4** – In conclusione, alcune regolette per non finire nei filtri antispam:
  - non superare le 70 battute;
  - niente parole scritte tutte in MAIUSCOLO;
  - evitare: «Offerta», «Superpromo», «Hai vinto», «Gratis!», «Comunicazione importante», «Urgente!», «Garantito», «Promozione», «Free»;

- non utilizzare parole spaziate (ad esempio E C C E Z I O N A L E);
- non utilizzare alcuni segni di punteggiatura in modo eccessivo, come i punti esclamativi ripetuti.

- **Piramide rovesciata** – L'email si legge in metropolitana, nel traffico, in mezzo alla folla... Grazie agli smartphone, è diventata una lettura sempre più veloce! Per questo il messaggio principale deve essere contenuto nell'oggetto e nelle prime righe del testo. Ricordi le 5 W? Chi, Cosa, Quando, Dove e Perché (e aggiungici anche il Come). Anche quando comunichi con i tuoi colleghi, o con persone che fanno parte dello staff di un progetto, puoi strutturare un'email dal tono informale ma dai contenuti efficaci. Ecco un esempio che parte dal cuore del messaggio, che allarga brevemente su dettagli e argomentazioni, e che va a chiudere con il vero obiettivo: accogliere la nuova persona secondo lo stile aziendale.

Cari,

dalla prossima settimana, Stefania Rossi, che qualcuno ha incrociato ieri e che ci legge in copia, sarà dei nostri fino alla metà di luglio.

Stefania ha accettato di lavorare in supporto sia sul progetto XXXX che su quello del ministero XXXX, partito la scorsa settimana.

Per lei sarà l'occasione di osservare anche tutto il resto della nostra produzione e prendere così le misure al lavoro che facciamo internamente.

Vi allego il suo CV, che aveva una lettera di presentazione assolutamente fuori standard. Capirete che è dei Pesci come due di voi, però è di un'altra decade.

Stefania ha già una bella storia professionale e, soprattutto, ha visto le aziende. Come e perché abbia incrociato la nostra impresa, ve lo racconterà lei di persona.

Accogliamola come solo noi sappiamo fare, vale a dire riservandole un posto a sedere, aprendole una casella di posta, preparando l'incarico e inserendola il più possibile nei flussi di Strategie e Comunicazione e Formazione, così che possa osservare, incuriosirsi e, se vorrà, contribuire con il suo punto di vista.

Benvenuta Stefania!

- **Struttura visiva** – Non dimenticare mai che le email, prima di essere lette, vengono guardate! Evita dunque il cosiddetto «muro di piombo» che spaventa e fa rimandare la lettura (o azionare l'«espulsione automatica» verso il cestino!). Ho scoperto che dare aria ai paragrafi, grazie a una doppia spaziatura, aiuta di molto la leggibilità. Da tempo sono anche un fan dei paragrafi (brevi) preceduti da un titoletto in maiuscolo. Se la tua email dovesse essere particolarmente lunga, metti in testa un bell'indice che guiderà da subito il lettore alla ricerca dei punti di interesse. Un ultimo consiglio: senza abusarne, utilizza gli elenchi puntati e numerati. Meglio però che siano precisi, ordinati con le giuste spaziature. Se esce un pastrocchio incolonnato, allora meglio limitarsi a una frase breve e incisiva.

- **Chiusura** – Dice molto bene Luisa Carrada nel suo *Il mestiere di scrivere*:

> Si può iniziare un'email con formalità e circospezione, per poi sintonizzare nel tempo le giuste temperature man mano che le conversazioni si infittiscono. Basta cogliere i segnali. A quel punto le formule spesso non servono più. Diventa naturale immaginare la persona dietro le parole e salutarla proprio come si conclude un'amichevole conversazione.

Nei saluti finali evita dunque i «Distinti saluti» di cartacea memoria: risultano molto freddi soprattutto perché si insiste ancora con il «Porgiamo». Stessa cosa per i «Cordiali saluti»: concordo con chi sostiene che vadano esplicitati e motivati.

Grazie ancora per la qualità del suo intervento e per l'attenzione dimostrata.
La saluto cordialmente.
Mi auguro di incontrarla presto al prossimo convegno. Le invio i miei auguri per l'inizio della nuova stagione.
Grazie ancora! Insieme abbiamo fatto davvero un buon lavoro.
Un saluto, a presto.

- **Non solo verbale** – Parlando più avanti di comunicazione persuasiva vedremo come, oltre al canale «verbale», il tuo messaggio comunica anche con modalità «paraverbali» e «non verbali». Per ora registra il fatto che, per sottolineare meglio certi toni, puoi utilizzare (con moderazione) la punteggiatura, la formattazione (grassetti, corsivi e sottolineati) e le famigerate «faccine» o emoticons. Per aiutare il movimento e l'azione del tuo lettore, sono anche molto efficaci i link di approfondimento in chiusura di email.

- **Firma** – Se hai un indirizzo di posta elettronica per motivi professionali, ovviamente andrà differenziato per forma e contenuti dall'account personale. Quando scrivi per lavoro, oltre a uno stile più consono alla tua attività, cura l'aspetto della firma in fondo al tuo messaggio: un dettaglio che ti rappresenterà verso l'esterno. Come regolarsi? Se appartieni a un'azienda, dovrai allinearti alle linee guida inserendo – come minimo – nome, cognome, azienda, struttura, email, telefono, fax, cellulare aziendale, sito web. Se invece sei più svincolato da obblighi aziendali, o se per mestiere svolgi un ruolo che ha a che fare con i social network, allora è necessario specificare il tuo profilo Facebook, l'account Twitter. Unico consiglio: lascia stare il DOTT. e l'ING nella firma. Autocelebrarsi è fastidioso. Lascia che siano gli altri a decidere di citarti per titolo.

Qualche consiglio prima di inviare

- **Revisiona, senza fretta** – Quando hai finito di scrivere la tua email, comportati come dopo la stesura della prima bozza di un testo. Non inviare subito! Aspetta, non avere fretta. Se l'email tratta un tema delicato, stampala e rileggila: solo così riuscirai a fare un buon editing e a decidere se asciugare ancora qualche passaggio. Una domanda che spesso mi faccio al momento della rilettura è la seguente: «Conoscendo o meno il destinatario, sono riuscito a entrare in sintonia con lui?». Per darmi una risposta, attendo qualche minuto (ma se posso anche più tempo) e poi rileggo. Meglio ancora se ho qualcuno con cui condividere la revisione: spesso chi non è autore di un testo riesce a scovare con più precisione refusi e ripetizioni.
- **Allegato sì o allegato no?** – Oggi chi legge le email su smartphone preferisce non ricevere allegati. È anche vero che in certi casi non ne potrai fare a meno. Mi è capitato talvolta di adottare un registro diverso: se vedo che la mia email supera le 20 righe, allora copio tutto il corpo del messaggio su

un file Word che allego, mentre sull'email lascio un'introduzione sintetica che presenta l'allegato. Avviene sempre così quando si tratta di curriculum, quando non si vuol far leggere il documento a intermediari o segretarie, quando si desidera facilitarne l'archiviazione. In ogni caso – nonostante la banda larga – l'allegato dovrebbe essere non troppo pesante (meglio spacchettarlo), in un formato comune (esempio in PDF) e avere un nome esplicito (questo è davvero importante!). E se ci sono più allegati? Il mio consiglio è di guidare sempre il lettore non solo nell'anticipargli cosa troverà, ma anche nella sequenza di apertura («Per tua comodità di lettura, ti invito ad aprire prima il file AA, poi il BB e infine il CC...»).
- **Email sì o email no?** – Ci sono casi in cui è meglio parlarsi di persona. Specie se ci sono di mezzo questioni personali, dovrai valutare se non sia meglio vedersi dal vivo piuttosto che delegare a una fredda comunicazione elettronica la risoluzione del caso. Questo dipende anche dal tuo temperamento e da quello del tuo interlocutore. Esistono però degli argomenti su cui io preferisco restare vago. E quindi se posso li veicolo in maniera differente. Sto parlando di cifre economiche, dati sensibili, questioni legali e pareri su persone. Ricorda sempre che la tua email può essere inoltrata ad altri (anche involontariamente!).
- **Rispondi o inoltra?** – A meno di email cestinate, in generale cerco di rispondere a (quasi) tutte. Quando inserisco i destinatari, e metto una serie di persone in conoscenza, faccio lo sforzo di immedesimarmi in ognuno chiedendomi: «È giusto che questo testo arrivi anche a Tizio e a Caio?». In caso poi di inoltro, se lo storico della conversazione è particolarmente lungo, ripetitivo o non essenziale, preferisco favorire la lettura eliminando la cronologia dei vari messaggi e inserendo una nuova sintesi di tutta la vicenda.

E ora tocca a te!

Inizia a dare un'occhiata all'archivio delle tue email più importanti: sei riuscito a rispettare le linee guida principali? Fai una lista delle aree di miglioramento su cui devi intervenire e applicala subito, cominciando dai messaggi meno importanti per il tuo lavoro. Sperimenta degli oggetti creativi ed efficaci (chiedendo magari il parere di qualche amico che li ha ricevuti...). Allenati soprattutto sulla brevità e la sintesi delle email, utilizzando la regola della piramide rovesciata. Fai attenzione alle chiusure (che invitino a un'azione, coerente con l'obiettivo del tuo testo). E infine non saltare passaggi cruciali, come quello della revisione attenta prima di cliccare il tasto INVIA...!

XIV
(B) Il blog e gli avamposti social: Facebook, Twitter e Instagram

«Grazie al social networking, anche la reazione
di un singolo consumatore a un prodotto
si trasforma in una forza
che potrebbe innescare un boicottaggio
oppure avviare affari d'oro per nuove imprese.»

Daniel Goleman

In maniera calibrata, e anche piuttosto prudente, a ottobre 2012 ho gettato le fondamenta di un progetto in Rete che mi piaceva chiamare Social Magazine. La testata «Torino Storytelling» è nata partendo da Twitter e iniziando a raccontare giorno per giorno una serie di piccoli momenti quotidiani che scandiscono il ritmo di una grande città. Su Twitter lo spazio è poco, dunque i contenuti devono essere mirati, incisivi, chirurgici. Saper scrivere bene, con un certo stile, fa la differenza. Non è semplice saper coniugare ironia e fiuto giornalistico in 140 caratteri.

La svolta c'è stata, poche settimane dopo, con l'innesto di Instagram. Un social network nel social network. Poter girare la città scattando foto che andranno subito in linea è il sogno di tutti noi giornalisti di reportage, che anni fa, con il solo taccuino e i tempi delle redazioni cartacee, non riuscivamo a confezionare emozioni simili in tempo reale.

Oltretutto Instagram aiuta a trasformare una buona idea in un'ottima immagine, grazie all'uso sapiente dei filtri fotografici. Non credo che tutti diventino bravi grazie a Instagram: l'idea di contenuto e la tempestività devono comunque essere presenti nel bagaglio del comunicatore e giornalista 2.0.

Follower dopo follower

Il successo di «Torino Storytelling» (che ha macinato una media di 8-10 follower al giorno, senza alcuna pubblicità) ha confermato quanto i contenuti di buona qualità siano redditizi. Oggi circa cinquemila follower per un profilo Twitter significano visibilità, autorevolezza, consenso. E promozione. Ogni giorno raccontiamo la città (le città, visto che da poco è nato anche «Roma Storytelling») secondo un punto di vista mai banale, scavando notizie poco diffuse e illustrandone altre con il semplice gesto di uno scatto fotografico. Da lì ci siamo estesi a Facebook e Tumblr (strumento di microblogging in grande ascesa), con numeri ancora in rodaggio ma con seguiti decisamente interessanti: un semplice post di due righe con foto, che raccontava di una visita in una hamburgheria della città, è stato visualizzato da quasi 3400 utenti Facebook!

I blog tour, nuova frontiera

Per farla breve, questo modello di comunicazione con quattro canali (tutti a costo di avviamento vicino allo zero, eccetto il valore delle persone che lo gestiscono) è un format sempre più prezioso, specie per i freelance, i professionisti e le medie e piccole imprese che non dispongono di grandi budget. L'importante è avere alla base una buona strategia editoriale, e persone che scrivano in maniera fluida, efficace, giornalistica. Un social magazine a «quattro anime» come «Torino Storytelling» può accompagnare la comunicazione e le gesta di un'azienda, di un territorio, di un prodotto, di un personaggio. È il contenitore quotidiano dove l'utente può fruire di una griglia di contenuti generata da quattro canali diversi: quello immediato di Twitter, quello visivo di Instagram, quello conviviale di Facebook e quello più ragionato del corporate blog.

Poi ci sono gli eventi, che vengono seguiti con una logica di reportage 2.0. Un tempo erano i «press tour», dove noi giornalisti eravamo invitati a piacevoli soggiorni per scoprire le bellezze di un territorio o i retroscena di un brand appena lanciato. Cercando di restare nei tradizionali canoni di imparzialità giornalistica. Oggi sono diventati «blog tour», estesi dunque ai blogger autorevoli (e no), con un seguito capillare e una risonanza «imbarazzante» per i numeri che vengono prodotti. Un caso pratico? Durante #LaMiaTorino – un itinerario di due giorni organizzato da *Turismo Torino e Provincia*, a cui abbiamo partecipato insieme ad altri 30 blogger – in un solo giorno sono stati prodotti e pubblicati circa 1000 tweet in chiave turistica e quasi 500 foto su Instagram. Una valanga di informazioni. Mirate e incisive. Descrittive di luoghi, monumenti, personaggi, aziende, vita comune. È come accendere un faro da stadio sul nostro comodino.

Scrive Gianluca Giansante nel suo libro *La comunicazione politica online*:

> Oltre l'ottanta per cento degli utenti italiani è presente su almeno un social media, a cui dedica quasi un terzo del tempo speso online. La presenza sui social media è, quindi, uno strumento indispensabile per la politica [e, aggiungiamo noi, per le imprese, *N.d.A.*] perché offre opportunità inedite di costruire relazioni, coinvolgere il proprio pubblico e far crescere il consenso e la partecipazione.

Per questo, una strategia di comunicazione online deve porre la giusta attenzione ai social media. Ma prima di lanciarci nel rutilante mondo di Facebook e Twitter, vediamo come consolidare il caposaldo della nostra piattaforma editoriale di social magazine: il corporate blog!

Perché un blog aziendale fa crescere la tua visibilità

I blog non sono morti. Anzi! Se sei un imprenditore – specialmente di un'azienda medio-piccola o individuale – o un professionista con partita Iva, il blog aziendale rimane a mio avviso il veicolo più efficace per incrementare la tua visibilità. E di conseguenza il tuo business e le vendite. Si può aprire in pochi minuti, a costo zero. E richiede una gestione non eccessiva, che ti puoi organizzare con un semplice piano editoriale.

Tutti i principali esperti di Web marketing sono concordi sul fatto che un blog costantemente aggiornato, insieme a una presenza importante sui social network (Facebook, Twitter, Instagram), risulta imbattibile sotto ogni punto di vista, SEO *e no.*

In questi ultimi tempi, lavorando con imprenditori non troppo esperti di comunicazione digitale, mi sono accorto di quanto moltissime imprese (artigiane, commerciali, studi professionali) siano ancora «incrostate» al vecchio sito internet, pieno zeppo di spiegazioni tecniche che non interessano più a nessuno.

Il blog è l'evoluzione di questa staticità comunicativa. È l'additivo nel motore. Il blog è contenuti in movimento, è aggiornamento. E, soprattutto, è una voce personalizzata, una sorta di guida che aiuta il lettore (che può diventare potenziale cliente) a conoscere la tua attività, a capire perché sei bravo e in che modo puoi essergli utile. Il blog trasforma facilmente tutti noi in semplici reporter che raccontano il proprio business avendo a cuore – emotivamente – le sorti dell'azienda. Difficilmente infatti un'impresa vende solo un prodotto: legato a questo c'è sempre un'esperienza, un percorso di conoscenze e competenze. C'è un approccio di assistenza al cliente che è garanzia di affidabilità. Tutte cose che vanno spiegate, illustrate, proposte. Perché noi umani non siamo attratti dagli oggetti in sé, ma da quello che rappresentano per noi. Siamo interessati a quello che possiamo farci, per come ci relazioniamo con gli altri attraverso il loro utilizzo.

Trasparenza dietro le quinte

In tempi difficili come questi, la Rete può diventare dunque uno strumento ideale per cercare nuove opportunità di business e aumentare la visibilità della tua impresa. Il blog aziendale (o corporate blog) ha un vantaggio rispetto agli altri canali social: ha lo spazio per raccontare delle storie un po' più lunghe dei 140 caratteri di Twitter, o dei post iconografici di Facebook e Instagram. È molto utile perché ti dà l'opportunità di svelare retroscena e far intravedere il dietro le quinte della tua attività. Il pubblico si è ormai abituato e affezionato a queste modalità. Sarà un po' per l'effetto «grande fratello» imperante, e un po' per l'esigenza (molto 2.0) di andare oltre i tecnicismi, senza accontentarsi della classica comunicazione markettara. Il blog ti servirà a fidelizzare le persone, non a vendere direttamente. Con uno spazio del genere puoi suscitare interesse nel tuo pubblico perché comunicherai autenticità, trasparenza, immediatezza. Grazie alle relazioni e alla fiducia che saprai conquistare, stabilirai un contatto diretto con il tuo target, invitando le persone a esprimere commenti su quanto pubblicato.

Per esperienza, rispetto alla gestione di un blog ho constatato l'importanza di avere ben presenti due obiettivi:

1. Andare oltre alla vetrina e raccontare ciò che non si vede della tua attività (sarebbe meglio dire «ciò che sta dietro i prodotti e i servizi»).
2. Fornire contenuti unici ed eccezionali sulla materia che hai deciso di trattare. Intendo una serie di «dritte» che puoi snocciolare in base alla tua esperienza.

Un esempio? Nel mio blog (Scrittura Vincente!) racconto esperienze e retroscena legati a clienti ed eventi a cui sto lavorando. In questo periodo sto organizzando un blog tour per conto di un'azienda che ha cambiato sede e vuole farsi conoscere da un determinato pubblico. Stiamo studiando in che modo coinvolgere i blogger e quali attività potranno raccontare attraverso i loro canali web e social. Uno spunto potrebbe essere quello di fare un post per spiegare ai miei lettori come si coordina un blog tour e quale girandola di emozioni vengano vissute nelle 48 ore di un evento del genere.

Poi c'è un'altra tipologia di articoli, di carattere più formativo, e nel mio caso legati al copywriting, dove spiego e descrivo strategie e tecniche per scrivere contenuti efficaci. Di fatto, come produrre testi online e offline utili a promuovere meglio il proprio business. In questo caso, ad esempio, potrei parlare di tecnica delle 5 W per scrivere un attacco giornalistico, o di titoli persuasivi e oggetti efficaci per un'email.

Consigli per aumentare la visibilità

Non dimenticare che i blog sono molto ben considerati dai motori di ricerca. Usa quindi in maniera accorta le parole chiave inerenti al tuo settore, così da poter scalare velocemente posizioni nelle pagine di Google. Tutto questo facilitato dal fatto che l'investimento è minimo (più di tempo che economico) e le tecnologie a disposizione sono ormai semplici da utilizzare e alla portata di chiunque. Con un blog sei dunque in grado di far conoscere la filosofia aziendale, coinvolgendo lettori e utenti a parlare del tuo prodotto o servizio. Sono molte, infatti, le imprese che, usando questa piattaforma, da un lato rispondono alle domande dei clienti (*customer satisfaction*) e dall'altro forniscono una panoramica generale sui temi più gettonati dal mercato di riferimento.

Mi permetto di consigliarti un aspetto: non sottovalutare i requisiti che deve possedere la persona (o le persone) che dovrà scrivere sul blog aziendale. Oltre a una buona padronanza della materia, non può mancare la capacità di comunicare. Magari starai pensando: «Prima ci dici che gestire un blog è semplice e alla portata di tutti. Ora invece ci stai allertando sul fatto che chi scrive deve avere doti comunicative...». È vero, ma una cosa non esclude l'altra, le due opzioni non sono in contraddizione. Se vuoi generare il mix perfetto per un blog aziendale, e far sì che i tuoi testi catturino l'attenzione del lettore, la pianificazione deve essere accurata. Come un qualsiasi altro elemento della strategia di comunicazione della tua impresa. Aprire un blog è semplice, ma anche fare un flop è altrettanto facile.

Il tuo investimento, di tempo e denaro, deve promuovere un nuovo modo per l'azienda di relazionarsi col mondo esterno. In questo, i professionisti possono aiutarti a creare quelle basi che ti consentiranno poi di muoverti da solo. Se nella tua attività c'è qualcuno (te stesso? Un tuo collaboratore?) che conosce molto bene la vita dell'azienda, allora fai in modo che possa sviluppare, con l'aiuto di un esperto, la capacità di scrivere contenuti in maniera più efficace. Se invece disponi di qualcuno già abile nella comunicazione, allora mettilo al centro dell'impresa e aiutalo ad avere più informazioni possibili su quello che sta accadendo, in tempo quasi reale. Non c'è cosa peggiore, infatti, di escludere dalle dinamiche aziendali le persone addette a gestire i siti internet e i canali social (non parliamo delle intranet...).

Vediamo ora un'ultima sequenza di consigli pratici:

- scrivi cose utili, che servano subito al tuo lettore;
- parla di te e dei tuoi prodotti in modo molto amichevole;
- incoraggia il dialogo tra la tua azienda e i potenziali consumatori;

- mostra i lati accattivanti. Una buona idea sono le interviste sul campo, sondaggi, questionari;
- cerca di trattare un argomento per volta, con sottocategorie e approfondimenti inerenti al tema madre;
- pubblica con regolarità (2-3 post a settimana);
- non vendere in maniera diretta. Piuttosto predisponi dei link a pagine dedicate, di taglio commerciale;
- includi biografie e foto per rendere viva l'immagine dell'impresa;
- rispondi velocemente ai commenti;
- pubblicizza il link del blog (in tutte le email e nel sito aziendale);
- lascia il discorso aperto con domande che favoriscano la conversazione;
- non duplicare contenuti presi altrove: il copia-incolla fa scendere la tua credibilità (e la reputazione dei motori di ricerca);
- dai un nome efficace anche alle immagini.

Sei pronto a raccontare il tuo business con efficacia? Oltre al blog, puoi rafforzare il messaggio anche grazie ai social network più conosciuti, come Facebook e Twitter.

Facebook: coltivare una relazione di fiducia

Con un miliardo di utenti attivi, Facebook continua a essere il social media che genera maggiore partecipazione e interesse. Pensa che in Italia gli iscritti sono quasi 25 milioni (il 40 per cento della popolazione!), ovvero circa l'86 per cento degli utenti di Internet. L'interattività è ovviamente il focus principale di questo strumento, con tutto ciò che questo può comportare per un'azienda o un professionista che decide di aprire una pagina. In ogni caso, Facebook è una grande opportunità per le imprese di entrare in contatto con un numero elevato di persone, ma anche per creare e coltivare una relazione di fiducia con il proprio pubblico. Peccato però che la maggior parte degli imprenditori non sappia cogliere a pieno questa occasione. È inutile, ad esempio, che tu apra una pagina Facebook soltanto come spazio celebrativo. Molto meglio il dialogo e la relazione diretta con il pubblico che ha deciso di seguirti.

L'autopromozione fine a se stessa non è amata dal popolo della Rete.

La tua pagina aziendale di Facebook deve riflettere lo stile e il linguaggio che contraddistinguono in generale il tuo brand. Non può essere una voce dissonante rispetto alle linee che dovrebbero guidare la tua comunicazione. Faccio questa premessa perché, quando lavoro con le aziende, mi sento spesso ripetere la frase: «Obiettivo? Avere tanti fan!». Solo secondariamente si parla di «coinvolgere gli attuali clienti e trovarne di nuovi». Questa fissazione di avere più «mi piace» del vicino (concorrente) è spesso dettata da una non efficace conoscenza dei social network. Solo col tempo si impara a capire che una miglior qualità degli utenti (che non ci costringa a una corsa forsennata ai «like») è ciò che serve per veicolare il nostro brand in modo corretto. Tra l'altro, per com'è cambiata la logica di Facebook in campo aziendale, i nuovi fan arrivano solo se stiamo pubblicando contenuti validi, utili e attrattivi.

Dando un'occhiata a un recente studio di Syncapse, scopriremo che spesso i consumatori diventano «brand fan» perché hanno già testato nella vita reale i prodotti o servizi dell'azienda in questione. Ovvero: ti conosco «dal vivo» (o attraverso canali pubblicitari tradizionali) e poi vengo a vedere la tua pagina Facebook. Non ultimo, per usufruire di promozioni, coupon e concorsi vari.

Se mi interessano i contenuti e gradisco il tuo stile, allora cliccherò «mi piace» e ti sosterrò volentieri.

Va detto che le indicazioni che do ai miei clienti sono anche frutto di esperienze da autodidatta. Alcuni progetti che ho recentemente ideato e sostenuto (il social magazine «Torino Storytelling», le attività della Web agency Manafactory, la piattaforma nazionale Italia Blog Tour, la campagna *ReggioNonLoSa*) mi hanno restituito una serie di interessanti considerazioni che voglio qui condividere con te.

Prima di parlare di storytelling su Facebook – strumento che prediligo per diversi motivi – ti riassumo alcuni semplici consigli:

- dai precedenza ai post con immagini e video (ottengono il doppio delle visite);
- non vendere, coinvolgi;
- collega il tuo servizio/prodotto a ricorrenze o fatti d'attualità;
- utilizza immagini accattivanti per la tua *cover photo*, integrandola con l'immagine del profilo;
- sfrutta la pagina per raccontare la storia del tuo brand;
- pubblica contenuti appositamente studiati per Facebook (interviste, app, video);
- lancia concorsi e promozioni esclusive per i fan;
- dai spazio al tuo pubblico, creando una comunità «interattiva»;
- ogni tanto investi piccoli budget su annunci sponsorizzati di Facebook.

Lo storytelling è parte integrante delle strategie che propongo ai clienti. Da giornalista mi diverto a raccontare le aziende attraverso le tappe «storiche» e i personaggi che si sono succeduti negli anni. Tra l'altro Facebook ha di recente aggiunto la funzione che permette di poter inserire nel diario contenuti anche precedenti al momento dell'iscrizione al social. Mica male, no? Pensa quindi a come rendere la pagina uno strumento perfetto per la tua narrazione... Saprai bene che lo storytelling genera seduzione, coinvolgimento, fidelizzazione e soprattutto passaparola. Intanto racconta storie autentiche, semplici e interessanti per il tuo pubblico. Ci sono momenti da ricordare, come il restyling di un marchio o un nuovo packaging... Insomma, pillole e immagini che sintetizzino lo stile del tuo brand.

È anche importante raccontare le sfide. Una storia potrà evidenziare meglio la metafora che il tuo brand rappresenta. Nel mio caso, Scrittura vincente è insieme un messaggio e un obiettivo. Spiegare come fa una scrittura a diventare «vincente» diviene una narrazione con un fine pratico e interessante. Pensa poi alla tua quotidianità. Il dietro le quinte del tuo mestiere è inevitabilmente interessante per chi ti segue: comprendere le fasi, i passaggi che descrivono alcuni momenti delle tue giornate professionali aiuta gli altri a conoscerti non solo per le soluzioni che proponi, ma anche per i valori umani che stanno dietro alla tua idea di beneficio. Puoi valorizzare l'azienda parlando di competenze acquisite, innovazioni e tecnologie che hanno generato risultati importanti. Fino a costruire storie attraverso gli utenti, mostrando come loro stessi usano i tuoi prodotti e a quali momenti della loro vita li associano. Insomma, avrai compreso ancora meglio che non è il numero di fan che conta, ma il loro reale coinvolgimento con il brand!

Presidiare il territorio

La pagina Facebook ha per te altri benefici. Essendo una piattaforma molto flessibile, consente a tutti di pubblicare contenuti, anche senza possedere particolari capacità tecniche. Dietro a questo c'è la possibilità immediata di monitorare l'efficacia dei post attraverso l'analisi degli *Insights*, dove troverai il numero totale e il trend dei «mi piace», le persone coinvolte, la portata totale e quella di ogni singolo post. Un sistema di cui Facebook ha reso semplice la consultazione, anche per chi non mastica nozioni di Web marketing. Ti consiglio di sfruttare l'accesso ai dati sociodemografici: potrai così valutare gli effetti del tuo piano editoriale e monitorare l'interazione che la tua pagina avrà con le diverse categorie di utenti (per capire ad esempio quali saranno i contenuti più interessanti per gli uomini, le donne, gli under 30 o i cinquantenni).

Coltiva e fai crescere dunque la tua comunità, pubblicando contenuti qualitativamente interessanti. Senza trascurare le risposte agli utenti e adattando le tematiche dei contenuti ai loro interessi (come abbiamo visto bene nei capitoli sull'analisi del target). Coinvolgi i tuoi fan in azioni online, come cliccare su un link che porta al tuo sito web, o condividere uno status. Dalla mia esperienza, ecco un'ultima serie di consigli:

- pubblica regolarmente, ma senza esagerare (basta anche un buon post al giorno);
- valorizza le immagini e dai visibilità ai tuoi contenuti extra Facebook: metti un link ai post del tuo blog (così come in-

serisci in ogni pagina del sito web i pulsanti di condivisione sui social media);
- utilizza la pubblicità di Facebook: la targettizzazione è infatti molto precisa (area geografica, età, sesso, interessi). Inoltre, un piccolo budget può essere talvolta destinato a sponsorizzare i tuoi post: la crescita di fan aumenterà così in maniera rapida ed esponenziale;
- evita le pubblicazioni automatiche (a meno di contenuti neutri e non connessi all'attualità) e il collegamento diretto con Twitter.

Non ho tempo per chiacchierare su Twitter!

«Va bene per i politici! Al massimo per gli artisti e i vip dello spettacolo che devono comunicare rapidamente con milioni di fan...» Twitter resta ancora in parte un oggetto misterioso. Soprattutto per chi si occupa di business. «A che mi serve se non mi porta clienti?» ripetono in coro i più, relegando il social network fondato nel 2006 a mero strumento di chiacchiera da fannulloni. Abituati alla chiassosa e rutilante piazza di Facebook, al cospetto dell'uccellino a 140 caratteri ci si sente improvvisamente *invisibili*. Si comincia con l'uovo al posto della foto personale, con una biografia insipida come il biglietto da visita di un ingegnere (senza offesa, lunga vita agli ingegneri!) e si aspetta che succeda qualcosa. E non accade nulla.

Allora si comincia a seguire un po' di altri profili: così, senza nessuna logica o strategia. Si incamerano decine di following, rimanendo delusi. Nessuno che ricambi il gesto (il desiderato «follow»), nemmeno per cortesia istituzionale. Twitter non ha l'ambivalenza di Facebook, non gioca sul senso di appartenenza o sul sentimento di reciprocità. Twitter è veloce: è come trovarsi in bicicletta in autostrada mentre una selva di auto e moto sportive ti sfrecciano a fianco, da destra e da sinistra. È lì – a quel bivio dove molti si arrendono – che scatta un timido tentativo di emulare quelli «bravi». Ci si inventa una biografia ironica, divertente, spesso pietosa, posticcia. Senza alcuna coerenza col personaggio che interpretiamo nella vita reale. E lì veniamo «beccati» ed estromessi una volta di più.

Perché Twitter mette a nudo le nostre debolezze «social», i nostri limiti digitali? Perché costringe all'essenzialità, che non è una dote che si impara a scuola o sul lavoro. È una crescita personale, uno sguardo dentro se stessi che costringe ad arrivare al cuore del problema: «Ma io cos'ho da dire al mondo di così sconvolgente?». «Perché la gente dovrebbe seguirmi, preferirmi, ritwittarmi e a volte anche rispondermi o menzionarmi?» Perché ognuno di noi ha un proprio *personal branding*, ha una storia da raccontare, un retroscena da condividere. Perché alla gente non interessano tanto i massimi sistemi, le teorie economiche, i punti di PIL e di spread. Di questo già facciamo indigestione sorbendoci i telegiornali della sera. Il pubblico – che in certi casi si trasforma in potenziale cliente – ha bisogno di sapere (e capire) come noi abbiamo risolto quel problema, come abbiamo superato quella sfida, come abbiamo incassato e oltrepassato quel dolore. Ha sete di apripista coraggiosi, che in qualche ambito abbiano avuto l'ardire di tracciare una strada percorribile, sostenibile. Memorabile.

Twitter è funzionale a tutto questo perché ha l'immediatezza di un SMS. Ci arriva sullo smartphone e ci regala una rassegna di esempi quotidiani a cui ispirarci. Seguiremo chi ci fornisce link interessanti, su argomenti appassionanti. Chi commenta in modo equilibrato ma originale, chi ci informa in diretta dall'evento, chi ci mostra immagini suggestive in tempo reale. Per le PMI italiane, però, Twitter è ancora un oggetto misterioso. Perché gli uomini di marketing (e i miei colleghi degli uffici stampa 1.0) soffrono ancora di compulsione da parola scritta. Comunicati lunghissimi, presentazioni sfiancanti, brochure labirintiche: ecco, secondo loro, gli strumenti che comunicano! E vendono! Ma... siamo così sicuri? In realtà, su Twitter le imprese, la tua impresa, hanno bisogno di compiere sinteticamente queste tipologie di azione:

- comunicazione e informazione (verso l'esterno);
- informazione e ricerca (dall'esterno);
- ascolto dei mercati (analisi);
- promozione (eventi, prodotti, brand);
- customer care (gestione clienti e reclami).

Poi, su Twitter occorre ricercare la propria «voce», uno stile che ci caratterizzi. Non fare promozione diretta (stile ufficio stampa): al tuo pubblico non piacerà! Come già detto per Facebook, non essere autoreferenziale. Piuttosto dai prova della tua professionalità e competenza fornendo informazioni, notizie, link, contenuti. In una parola: «utilità». Se poi riesci a essere creativo, emozionante e magari a tratti ironico, allora ci sono buone probabilità di fare centro. «Sì, vabbè» starai dicendo «ma su Twitter cosa devo postare?» Non è così scientifico, ma ecco qualche indicazione di massima:

- cosa sto facendo (stile webcam);
- cosa sto pensando (opinione);
- progetti in corso (lanciati/chiusi);
- segnalazione link dalla Rete;
- intrattenimento (umorismo);
- interrogativo (domande);
- multimediale (foto/video).

Ciò che più conta, per la mia esperienza di autore di «Torino Storytelling», sono due fattori. Il primo è quello di dedicare un po' di tempo a scandagliare Twitter come fosse un'enorme miniera di informazioni. I nostri interlocutori (e potenziali clienti) possono essere «osservati» monitorandone le conversazioni, i gusti, le scelte in fatto di temi, argomenti, eventi. Il loro profilo (e la loro lista di following) ci parla delle loro esigenze, ci indica scelte fatte e desideri da esaudire.

Il secondo aspetto riguarda la comunicazione di qualcosa che va al di là dei tuoi prodotti e servizi. Il pubblico vuole sapere da te quali obiettivi ti sei posto e quali sono i valori che persegui come punti di forza. Non accodarti alla massa, ma cerca la tua «voce» originale, senza far mancare un personale giudizio sul settore di mercato a cui appartieni. Non sarà necessario farsi a tutti i costi dei nemici: si tratta piuttosto di aiutare le persone a capire meglio certe dinamiche. Inoltre condividi anche aspetti del tuo «dietro le quinte». I follower adorano i retroscena, e continueranno a seguirti per scoprire come andrà a finire il tuo... storytelling!

E ora tocca a te!

Per chiudere, passiamo alla pratica. Riprendi in mano la sequenza di azioni che abbiamo tracciato per generare contenuti per il sito web e adattala allo strumento Twitter:

- analisi del target (studia le esigenze del tuo pubblico);
- analisi dei profili che twittano nel tuo settore, sia come concorrenti sia come influencer (inizia a seguirne alcuni come follower);
- stabilisci i tuoi obiettivi di comunicazione (punti di forza, non temi a 360 gradi);
- predisponi un piano editoriale (almeno settimanale);
- quotidianamente segui le conversazioni, facendo ricerche per parole chiave e hashtag;
- segui profili che postano contenuti di qualità (di solito gli influencer hanno ottime liste di following da utilizzare);
- valorizza i contenuti di altri utenti;
- evita post autoreferenziali, polemiche e discussioni emotive;
- dai visibilità alle tue novità e agli eventi.

Prima di chiudere questo capitolo dedicato ai social media, diamo un'occhiata a uno strumento in grande ascesa nel panorama della comunicazione d'impresa: Instagram!

Che storytelling sarebbe senza Instagram?

La tecnica è: scattare una foto con lo smartphone, scegliere i filtri disponibili, migliorare le immagini è possibile anche senza particolari abilità tecnologiche, inserire un commento e condividerla con il resto della community di Instagram. E, perché no, anche su Twitter, Facebook, Tumblr, Foursquare o tramite email. Così lo storytelling cresce rigoglioso come una pianta, trae nuova linfa sociale e fornisce immediatezza. Perché le immagini sono più veloci delle parole. Tanto vale prendere l'abitudine a questa rivoluzione mediatica che ha generato – dall'ottobre del 2010 – un'applicazione in grado di realizzare fotografie quadrate, definibili «polaroid moderne».

Una memoria visiva rinnovata, misurata in pixel, che all'inizio era stata pensata soltanto per gli iPhone, o al massimo come social network di condivisione fotografica. Instagram, invece, è cresciuto con la potenza di tutte le idee semplici e vincenti, facendo leva su quelle capacità artistiche da autodidatta che ognuno di noi ha tenuto spesso chiuse in un cassetto polveroso e triste. Via dunque agli scatti colorati e immediati! Alla fruizione in diretta e alla semplicità a portata di click. Semaforo verde per una tecnologia che in pochi mesi ha visto passare il numero dei suoi utenti da 15 a oltre 200 milioni (maggio 2014), di cui più di quattro milioni solo in Italia, diventando di fatto il «social boom» dell'ultimo biennio. È bastato sdoganarlo ai fedeli dell'iPad, ma soprattutto ai «pagani» di Android, per portarlo a numeri da capogiro. Nel giugno 2013, l'applicazione si arricchisce della possibilità di girare e condividere video della durata tra i 3 e i 15 secondi. E solo negli ultimi sei mesi incrementa il suo bacino facendo crescere del 25 per cento le nuove registrazioni! Capirai bene perché Facebook abbia allungato le mani, acquistandola per 1 miliardo di dollari (parte dei quali in proprie azioni). D'altronde su Instagram il profilo può essere pubblico o privato, si possono trovare foto altrui, seguendo i like tra contatti comuni, gli hashtag utilizzati fra gli utenti o la pagina delle foto più note (Popular).

Instagram per i professionisti

Anche gli imprenditori e i professionisti – bisognosi di rinforzare il proprio personal branding – amano Instagram. È disponibile e ricettivo, non richiede tutti i passaggi di Photoshop e rassicura chi di fotografia si intende poco. E la Rete? Il mondo del Web ha accolto favorevolmente questo recente fenomeno di marketing, analizzando con interesse il nuovo pubblico generato dall'applicazione. Diciamoci la verità: per gli addetti ai lavori, un social così fotografico è una vera manna perché fa scoprire un mare di informazioni (utili e attuali) sui consumatori e sul loro universo di valori. Inoltre, Instagram si è organizzato come una community: e questo è un altro passo avanti per scoprire filoni di nicchia e conquistare una notorietà ben riconosciuta. Un esempio? Per un freelance che gravita nel mondo dei social e del marketing è fondamentale agganciare gli *instagramers* (così si chiama la community territoriale) della propria città, per entrare in un circuito dove l'immagine si sposa con l'attualità, il design, il senso artistico di una regione o di un luogo più specifico.

Per non parlare dei blogger impegnati nei blog tour, veri e propri catalizzatori di eventi promozionali e mondani (siano essi di taglio turistico, gastronomico o aziendale). Per un reporter invitato a raccontare – attraverso gli strumenti dello storytelling – una località più o meno rinomata, Instagram diventa la sua arma segreta, che potenzia la comunicazione anche a scapito di contenuti testuali non sempre brillanti. La nostra esperienza con «Torino Storytelling» e «Roma Storytelling» nasce proprio intorno al binomio Twitter-Instagram, specialmente in occasione degli eventi dove scende in campo la qualità giornalistica rilanciata – e resa frizzante – dall'immediatezza dei 140 caratteri e dalla creatività di una foto seppiata, vignettata o elegante nel suo classico bianco e nero.

Il segreto di Instagram? A mio avviso sta nella gratificazione immediata (che ha reso planetario il successo della Polaroid). E nel saper tratteggiare una storia partendo da pochi, essenziali elementi. Dove uno scatto diventa distintivo anche se banale. E il soggetto è quasi sempre potenziato nella sua stessa identità.

Ti chiederai in quale fase del tuo piano di comunicazione è più efficace usare Instagram. La premessa è che questa applicazione è collegata (per ora) a quattro tra i principali social network: ovvero Facebook, Twitter, Tumblr e Flickr. Di conseguenza non potrai, ad esempio, condividere in automatico le foto sul tuo blog o sul tuo sito web. Potrai tuttalpiù copiarti la URL o inviare lo scatto tramite email. Vediamo come usare Instagram.

Come appoggio allo storytelling aziendale e quotidiano

Nell'area corporate del tuo sito web le immagini che rappresentano l'impresa non devono seguire l'attualità (e saranno quindi più «statiche» per definizione). Già nel blog puoi inserire – in abbinamento ai post – delle foto che richiamano le attività in chiave storytelling. Ma è soprattutto nei profili Twitter e Facebook che Instagram esprime al meglio il suo potenziale! Personalmente, con Instagram racconto degli spiragli della mia giornata a seconda dell'obiettivo di comunicazione. Posso ritrarre un luogo di passaggio o di destinazione (che magari abbia una sua valenza estetica, paesaggistica o culturale) o delle persone che incontro per lavoro. Posso innalzare lo spirito di team ritraendo momenti produttivi (riunioni in ufficio, attività di laboratorio, dinamiche da struttura turistica ecc.) insieme a colleghi, manager o dipendenti (sempre con un certo stile e senza ledere l'immagine e la reputazione del brand aziendale!). Posso cimentarmi con dettagli «alla Instagram» come il famoso piatto del pranzo al ristorante, oppure con un primo piano di un oggetto di design aziendale (portachiavi, cartellina, packaging particolare). L'obiettivo è fornire a chi ti segue uno spaccato di ciò che stai facendo, raccontato per immagini. Indipendentemente dall'utilizzo dei vari filtri fotografici (ti invito ad approfondire l'argomento in Rete, attraverso guide scritte e tutorial video) il consiglio è di non trascurare il commento che fa da didascalia alla foto. Non limitarti al compitino («riunione in ufficio») ma non perdere neppure tempo a dilungarti in testi poetici e noiosi. Utilizza brevi spot che incuriosiscano gli utenti e fai un uso mirato di hashtag «sensati». Evitando #frasi #dove #ogni #parola #è #preceduta #da #un #cancelletto…! Ecco qualche buon esempio:

- [senza hashtag] La targa dell'Illinois, un barattolo che conteneva un mix di erbe, la teiera di smalto, la giostrina di latta, le cuffie con il microfono, i pennarelli, una riduzione per la presa. Il mio ufficio è nella scatola.
- [con hashtag] #EstateRomana2014 #villaada14 «Da oggi fino a mercoledì l'ingresso ai concerti di Villa Ada è gratuito! Perché aspettare?».

Come supporto agli eventi

Lo vedremo meglio nel capitolo dedicato all'ufficio stampa 2.0. Ti anticipo che Instagram, per accompagnare una diretta Twitter, è uno strumento di grande efficacia. Oltretutto, pensando a uno

Storify finale (ovvero a una piattaforma narrativa che conterrà l'intera storia del tuo evento), la sequenza di alcune fasi importanti darà al pubblico la giusta sensazione di «esserci stato» anche dal punto di vista visivo.

Ultima nota: se hai deciso di condividere i post di Instagram con il profilo Facebook e l'account Twitter, sappi che insieme alla foto, ovviamente, sarà condiviso anche il commento. Occhio quindi a non scrivere frasi troppo lunghe e a mettere invece nei primi cento caratteri sia gli hashtag sia le @menzioni che ti stanno a cuore. Se su Facebook non ci sono problemi di lunghezza del testo, Twitter invece – lo sappiamo ormai bene – ha un limite di 140 caratteri. E dunque tutto ciò che sta dopo verrà inevitabilmente tagliato!

Quarta parte

SCRIVERE PER PROMUOVERE E COMUNICARE

XV
(C) Scrittura persuasiva per farsi dire «sì»

«I clienti vogliono davvero ascoltare la vostra storia?
Vogliono davvero narrarla ad altri?
Vogliono davvero partecipare alla storia che raccontate?»

Andrea Fontana

Non basterebbe un intero libro per parlare in maniera esaustiva di persuasione e di scrittura che spinge all'azione. Ci sono decine di pubblicazioni che affrontano il tema del copywriting in chiave pubblicitaria, che parlano di abilità nella comunicazione persuasiva e in certi casi di vera e propria manipolazione. Non è questo il nostro obiettivo, né tantomeno l'intento è mai stato quello di manipolare qualcuno con finalità negative. Diciamo semplicemente che la persuasione esiste da tempi remoti, dagli anni in cui nella Grecia classica e nell'antica Roma l'arte della retorica si era strutturata come una vera e propria disciplina per studiare il metodo di composizione dei discorsi. Scrive Wikipedia:

> Lo scopo della retorica è la persuasione, intesa come approvazione della tesi dell'oratore da parte di uno specifico uditorio [...] Essa si occupa dei discorsi in prosa scritti con un linguaggio «ornato», allo scopo di persuadere qualcuno, cioè convincere o far mutare d'opinione chi ascolti [...] Da un lato studia come organizzare e strutturare un'orazione, dall'altro si occupa di tutti quei procedimenti stilistici che servono a ornare il discorso così da renderlo più gradevole e quindi più efficace [...]

Con particolare attenzione all'aspetto giudiziario (pensa ai discorsi dei grandi avvocati difensori nei processi), la retorica classica ha formulato uno schema per strutturare i discorsi. Schema che oggi molto spesso viene dimenticato dai nostri politici e dai nostri manager. O peggio ancora viene forzato fino all'inverosimile, con effetti imbarazzanti e a tratti patetici. Di fatto, l'orazione retorica classica prevedeva queste quattro parti:

- ***Exordium*** – Il tentativo di accattivarsi l'uditorio: battute, storielle, aneddoti, frasi a effetto.
- ***Narratio*** – L'esposizione dei fatti per informare l'uditorio, in ordine cronologico o con un'introduzione a effetto *in medias res*, ovvero che comincia da un punto avanzato della storia.
- ***Argumentatio*** – La dimostrazione delle prove a sostegno della tesi e la confutazione degli argomenti avversari. È il cuore del discorso persuasivo.
- ***Peroratio*** – L'epilogo, il riassunto e la conclusione del discorso, muovendo al massimo gli affetti dell'uditorio e sviluppando pathos.

Sebbene il linguaggio scritto non possa giovarsi delle tonalità della voce umana e neppure della gestualità legata al linguaggio del corpo, mantieni comunque il focus sulla tua pagina scritta: capirai come le stesse regole possono valere anche per la scrittura di un'email, di una presentazione o di una landing page su Internet. In effetti non è così vero che i testi scritti siano privi di elementi paraverbali e «non verbali».

Storyselling, ovvero scrivere per promuovere

Come detto, la persuasione fa parte essa stessa della capacità di relazionarsi con gli altri attraverso la lingua parlata, la gestualità e la scrittura. Non è di per sé negativo convincere qualcuno a compiere una determinata azione: tutto il mondo circostante non fa altro che usare queste dinamiche. Anche a fin di bene (pensa a come una mamma parla con il suo bambino per aiutarlo a scoprire il mondo). La persuasione può essere deleteria quando costringiamo una persona a compiere una certa azione, senza averle però dato tutte le informazioni per decidere in autonomia.

Tornando ai giorni nostri – e alle nostre attività da promuovere – dedichiamo queste pagine a un aspetto importante nell'applicazione del metodo Scrittura vincente. Dopo aver capito come presentare la tua impresa, e aver iniziato a informare il tuo pubblico attraverso gli strumenti più potenti della Rete, questo terzo passaggio ha come obiettivo quello di aprirti uno spiraglio sulla comunicazione di taglio «promozionale» e persuasiva. Nella tua quotidiana attività lavorativa ci sono strumenti che svolgono la funzione di «vendere» un'idea, un progetto, un servizio vero e proprio. Pensa alle tue brochure, ai preventivi, ma anche alle semplici relazioni o report di riunione: molto spesso l'obiettivo è quello di smuovere qualcuno a fare una certa cosa. Dunque, nulla di necessariamente strano o forzato. In fase di acquisto, ognuno di noi compra delle storie prima ancora di portarsi a casa un prodotto o un servizio. Acquistiamo storie quando ci lasciamo sedurre da un marchio o da un politico.

Chiunque voglia generare attenzione, influenzare un pubblico, essere ricordato, deve conoscere le tecniche della narrazione e dello storytelling.

Ti sarai chiesto, alcune volte, perché una newsletter o un documento da te formulato in un certo modo venisse respinto al mittente, e perché invece una richiesta simile – presentata però in maniera leggermente diversa – ottenesse al contrario il risultato voluto. Quale tattica involontaria eri riuscito a mettere in campo nella seconda ipotesi?

Molto del livello di efficacia si misura, per mia esperienza personale, sulla capacità di scrivere e narrare in una logica di storytelling. Scrive Andrea Fontana, uno dei massimi esperti italiani di marketing narrativo, nel suo libro *Story selling*:

> Individui, prodotti, imprese, istituzioni si *raccontano* [...] Per cercare lavoro. Per la reputazione. Per posizionare i prodotti. Per farsi eleggere. Per battere la crisi di fiducia. Per generare appartenenza. Per riposizionare un'identità di impresa «invecchiata». Per rivitalizzare un territorio o rilanciare una città. I motivi sono molti. I tesori da raggiungere enormi.

Lavorando con le imprese e i professionisti, solitamente le storie da costruire possono riguardare la narrazione di una singola persona (personal branding), di un'organizzazione o azienda (brand di marca), di un oggetto (brand di prodotto o servizio). Dalla notte dei tempi la struttura di una narrazione ricalca uno schema classico ed è composta da:

- eroe (chi);
- impresa (cosa);
- antagonista;
- conflitto;
- tesoro (perché);
- poteri, segnali;
- aiutanti;
- epilogo - piano d'azione (come e quando).

Il cliente per essere coinvolto deve sentirsi parte della storia. Che può essere la storia dell'azienda-eroe (e allora lui si appassionerà partecipandovi, contribuendo con suggerimenti e condividendola con i suoi follower), ma può anche essere un genere di storia dove è lui stesso l'eroe, e dove noi come impresa-professionista-prodotto siamo al suo fianco per aiutarlo a superare le prove, le insidie, le situazioni che gli stanno creando delle difficoltà. Siamo gli aiutanti, i facilitatori, gli Archimede Pitagorico che gli forniscono la soluzione, i Mago Merlino che inventano la pozione magica. Oggi la vendita 3.0 è soprattutto questo: non più scrittura di marketing spinta all'inverosimile, con approccio in stile anni Ottanta-Novanta. Ma esperienza da condividere, ambiente ideale dove capire, prendere spunto, risolvere criticità e guardare avanti con uno scenario di speranza e miglioramento. È la scienza del «far comprare». Il nostro premier Matteo Renzi sta lavorando moltissimo in questa chiave. Sa bene come si utilizza lo storytelling per averne studiato i principi e le dinamiche da illustri colleghi americani.

Ecco perché, anche da un punto di vista commerciale e aziendale, quando devi scrivere una storia puoi partire da quelli che Andrea Fontana definisce «propulsori biografici» o «attivatori di vita». Elementi che mettono in moto dinamiche precise, senza le quali il consumo contemporaneo non sarebbe quello che è ora. Le logiche sono le stesse del romanzo, delle fiction televisive, delle grandi produzioni hollywoodiane. Rifacendoci allo schema di Fontana:

- Ogni racconto ha un protagonista (eroe buono o cattivo), di solito in viaggio alla ricerca di qualcosa (se stesso, l'amore, la verità, la ricchezza, il potere). È l'eroe della storia.
- Ogni storia ha al suo interno qualche missione o «destino» da compiere (impresa).
- Ogni narrazione implica che il protagonista affronti una prova (sfida) correndo il rischio di fallire.
- In tutte le storie c'è un elemento oppositore (avversario) che contrasta l'obiettivo del protagonista.
- Le grandi narrazioni sono ricche di pathos tragico (conflitto), presentano un trauma da sanare, un problema da risolvere.
- In ogni narrazione c'è qualche ricchezza reale o virtuale da raggiungere (tesoro).
- Ogni storia presenta oggetti di potere con cui il protagonista riesce a cavarsela nelle varie avversità (oggetti magici).
- Tutti i racconti hanno al loro interno personaggi (mentori) che aiutano gli eroi a compiere la loro impresa.
- Ogni storia ha un inizio e una fine, per cui il racconto ha un ciclo chiuso (nozze finali).

Ciò che viene fatto con la tecnica dello storytelling aziendale, con le narrazioni politiche o con le storie di prodotto è di sovrapporre lo schema del racconto classico, adattando la narrazione stessa e attualizzando gli elementi di contesto. Ecco come dovrai riscrivere la pagina del «Chi siamo» sul tuo sito web. Utilizzala anche come trama quotidiana per tenere informato il pubblico sui canali social:

- principi e valori guida (eroe);
- obiettivo strategico (*vision* d'impresa);
- motivazioni (*mission* d'impresa);
- difficoltà e vincoli (antagonisti);
- come supero le difficoltà (conflitti);
- vantaggi ottenuti (tesoro);

- abilità e competenze (poteri, punti di forza);
- team, partner e fornitori: scelta e gestione (aiutanti);
- piano d'azione (epilogo e insegnamenti).

Si tratterà ora di considerare il tuo brand (personale, aziendale o di prodotto), raccontandolo al pubblico come un eroe con un destino da compiere, antagonisti da fronteggiare, sfide da superare, aiutanti e poteri magici, tesori da raggiungere e riportare a casa. Puoi allenarti guardando le pubblicità televisive e i film hollywoodiani. Dove l'eroe può essere un vero avventuriero alla Indiana Jones, così come un protagonista dei giorni nostri (un impiegato che cerca di fare bene il suo lavoro, nonostante la vischiosità della burocrazia interna, che ne rallenta la corsa e cerca di abbatterne i poteri).

Ricerca anche con attenzione gli antagonisti della tua storia: non è detto che siano in carne e ossa! A volte un imputato combatte contro delle leggi ingiuste, un vagabondo contro la società che lo vuole emarginare, un depresso contro la sua malattia che cerca di trascinarlo verso il fondo. Gli antagonisti non sono solo persone! Nel caso di un imprenditore-eroe, l'avversario potrebbe essere rappresentato dalla burocrazia che gli impedisce di aprire una nuova sede, dalla crisi economica che ne ha rallentato le vendite, da un dipendente che si licenzia e diventa concorrente. In alcuni casi (specie nelle presentazioni di vendita, dove l'interlocutore è un potenziale cliente) è più funzionale operare un ulteriore slittamento dell'asse narrativo. Vediamo come.

Una Ferrari comunica più di mille parole scritte

Il brand Ferrari riveste un fascino universale: è in assoluto uno dei marchi che contraddistinguono il made in Italy nel mondo. Tempo fa mi capitò di dover analizzare il *brand storytelling* proprio della celebre scuderia di Maranello. Navigando in Rete trovai molte dichiarazioni di personaggi, anche famosi, tutti d'accordo nel definire la Ferrari «un'eccellenza universalmente riconosciuta, che rende prestigiosa ogni persona o evento che vi si accosta». Partiamo dalla storia del cavallino rampante, simbolo del marchio

Ferrari: l'animale era dipinto sulla carlinga del caccia di Francesco Baracca, famoso asso dell'aviazione italiana. Così ricorda l'episodio lo stesso Enzo Ferrari: «Quando nel 1923 conobbi il conte e la contessa, genitori di Francesco Baracca, fu la madre un giorno a chiedermi: "Ferrari, perché non mette sulle sue macchine il cavallino rampante di mio figlio? Le porterà fortuna!"». Può esserci una storia migliore di questa per raccontare un brand storico?

Un altro episodio, sempre in ambito Ferrari, ha permesso di scrivere una storia orientata dal punto di vista di un operaio di Maranello. Circa tre anni fa, in un'asta in California, un prototipo della Ferrari 250 Testa Rossa – datata 1957 – venne battuto per ben 16,4 milioni di dollari: una cifra record per un'asta pubblica! Un giornalista particolarmente persuasivo, invece di raccontare la notizia in maniera nuda e cruda, ci costruì intorno uno storytelling partendo dal sentimento di orgoglio provato da quel gruppetto di tecnici Ferrari dell'epoca. I quali, nel 1957, rincasavano dopo la giornata di lavoro avendo lasciato in officina un vero e proprio mito: trentaquattro pezzi, tutti unici, destinati a macinare chilometri e tempo senza essere scalfiti. E, soprattutto, gioiellini che un giorno avrebbero raggiunto il valore di oltre 16 milioni di dollari! Capisci come le storie possono raccontare un fatto, un'automobile, un nuovo prodotto, una ricorrenza? Facendo leva sui sentimenti e le emozioni. E mantenendosi vive nella memoria per interi decenni.

Dalla mia analisi, alla fine sono emersi alcuni elementi che consentono alla casa madre Ferrari di passare dal modello storytelling (la storia) a quello storyselling (la vendita):

- Rossa come il fuoco della passione, veloce come il lampo della follia, la Ferrari affascina, colpisce al cuore, ammalia.
- Non è solo una questione di design, meccanica e prestazioni: nella casa di Maranello si fonde l'epopea della storia dell'automobile con la voglia di rivincita del suo fondatore e la leggenda dell'auto sportiva.
- Al volante delle Ferrari si sono alternati re, principi e miliardari ma, soprattutto, i più grandi funamboli della guida, da Nuvolari a Schumacher, da Ascari a Lauda, da Fangio a Villeneuve.

- La storia della Ferrari è un grande romanzo. Un racconto che parte da quando i primi modelli dominavano le corse e si viaggiava in maniche di camicia, a 300 chilometri all'ora, senza casco né cintura di sicurezza, fino agli alti e bassi dei giorni nostri.
- La sua epopea ripercorre anche le vicende umane di Enzo Ferrari: i lutti e le mille difficoltà che dovette superare per costruire il suo impero e creare l'immagine forte della sua azienda. Perché il Commendatore, prima di essere un grande costruttore di auto da corsa, fu un vero genio del marketing.

Altri elementi emozionali sono legati maggiormente ai tempi attuali:

- In tempi di crisi, anziché buttarsi sul mattone si preferisce avere in garage un bene-rifugio simile all'oro, al sicuro dalla scontrosa sensibilità dei mercati.
- Al contrario di un investimento in banca, se te la puoi permettere, con una Ferrari puoi giocare, andarci in giro, divertirti. È un classico antidepressivo.
- I collezionisti assecondano la loro nevrosi compulsiva: ci sono persone che ne possiedono così tante da competere con un museo. È come avere cinquanta o cento cuccioli da coccolare e portare a spasso.

L'esempio Ferrari è decisamente significativo. Avrai capito meglio come sia frequente – nel marketing come nel giornalismo – utilizzare la scrittura come meccanismo di leva emotiva. Siamo pronti dunque a entrare nel vivo dei 6 principi della persuasione, di quegli schemi che stanno alla base delle migliaia di tattiche quotidianamente usate (in maniera più o meno occulta) da pubblicitari, copywriter e comunicatori d'impresa.

I 6 principi della persuasione

La maggior parte dei contenuti che compaiono sui siti web sono realizzati con uno scopo preciso: far sì che i visitatori assumano determinati comportamenti. Grazie al libro che hai tra le mani, stai iniziando a disporre di moltissime informazioni per riuscire a convincere i tuoi utenti a registrarsi, iscriversi, condividere, acquistare.

Molte nostre decisioni e azioni sono basate su emozioni.
In certi casi si tratta di reazioni automatiche
che si attivano a partire da qualcosa
che leggiamo o vediamo su un sito web,
su una pagina Facebook, sul post di un blog.

1. **Reciprocità = Sentirsi in debito** – Offri qualcosa che inneschi un senso di riconoscenza: aumenterà la probabilità che altri si sdebitino, sentendosi in obbligo con te in qualche modo. Se ad esempio dal tuo sito dai la possibilità ai lettori di scaricare gratuitamente un ebook, sarà più facile ricevere in cambio il loro indirizzo email. Stessa cosa in caso di offerta o sconto sul prezzo: ci si sente in dovere di ricambiare.
2. **Impegno = Il piacere di sentirsi coerenti** – Nel suo libro *Neuro Web Design* Susan Weinschenk spiega che nella nostra mente ci formiamo delle idee su chi siamo e su cosa sia importante per noi. Ci raccontiamo storie su noi stessi e raccontiamo agli altri le medesime storie. Per essere coerenti con uno di questi personaggi, agiremo sulla base di queste narrazioni. Per questo se tu chiedi a una persona di impegnarsi su qualcosa, è probabile che – quando successivamente ti aspetterai un'azione coerente con l'impegno espresso – lui agirà in base alla rappresentazione di se stesso che hai attivato. In pratica, a ognuno di noi piace adeguarsi a un personaggio che si riconosce in una storia. Se chiederai di scrivere una recensione, è probabile che se sarà positiva la persona vorrà rimanere coerente: interagirà col sito, l'azienda, l'organizzazione. Anche su Twitter e Facebook funzionano questi due principi (reciprocità e impegno): se metti un «like» o un commento a un post di qualcuno con cui hai interesse a interagire, lui si sentirà in dovere di ricambiare. E dopo averlo fatto una prima volta, è più probabile che – per sentirsi coerente – continuerà a farlo anche in altre occasioni!

3. **Riprova sociale = Desiderio di appartenenza** – Ciò che fa la massa è più appetibile. Quando non so scegliere, mi affido al comportamento e alle esperienze degli altri. Se tutti corrono da qualche parte, un motivo ci sarà (la massa ha ragione!). Su questo meccanismo, i vari TripAdvisor hanno costruito interi siti di recensioni che fanno scattare un duplice sentimento inconscio. Dapprima, da autori, godremo del piacere di recensire, per entrare a fare parte di una schiera di beneficiari e privilegiati. In seguito, da potenziali clienti, saremo più portati a scegliere il servizio maggiormente visitato, il video più cliccato, gli articoli più letti. La garanzia che in tanti l'hanno già provato. È come il banco del mercato: più c'è folla intorno, più aumenta la nostra curiosità per visitare proprio quello! Dai quindi prove ed evidenze di quanto i tuoi prodotti, servizi, progetti siano già stati conosciuti, sperimentati e accolti da un alto numero di persone. Chi arriva dopo si sentirà meno solo, non dovrà rompere il ghiaccio. Non dovrà mangiare la prima tartina del vassoio!
4. **Autorità = Il potere dei «guru»** – Siamo portati a seguire le indicazioni di chi riconosciamo autorevole e ci spinge ad agire (genitori, professori, capi, medici, persone in divisa ecc.). Sul Web cerca di essere riconosciuto come autorevole nel settore (o nei settori) in cui vuoi essere persuasivo. Pensa alle sezioni o alle pagine Facebook dove c'è un esperto o un influencer che risponde a questioni tecniche: spesso sono le pagine maggiormente commentate.
5. **Scarsità = «Mi spiace, lei non può averla...»** – Se qualcosa scarseggia, ci sembra più desiderabile e di maggior valore. La disponibilità limitata (come numero o come tempo) ci induce a compiere un'azione. Accedere con difficoltà a qualcosa ce la fa apparire di maggior valore. «Prenota il tuo posto: sono gli ultimi cinque a disposizione!»
6. **Somiglianza = Simpatia** – Siamo orientati verso le persone più simili a noi. La bellezza ci attrae (anche in senso astratto): ecco spiegato il potere del look, adatto a ogni situazione. E poi non dimentichiamoci il sorriso, che è uguale in tutto il mondo! Collegare un prodotto o un brand a

un personaggio famoso e simpatico aiuta la gradevolezza e l'accettazione del prodotto stesso. Cura con attenzione anche le immagini della tua comunicazione: il target si deve riconoscere, deve ritrovare volti, abbigliamenti e stili di vita simili ai suoi.

Su questo tema ci sono davvero molte letture tecniche e appassionanti. Se desideri approfondire con maggiore dettaglio, ti rimando ai lavori e alle ricerche di autori come Robert Cialdini, formatosi alla Columbia University e attualmente professore di Psicologia e Marketing in Arizona. O come Susan Weinschenk, autrice di *Neuro Web Design*, testo in cui ci spiega i meccanismi dell'inconscio che stanno dietro alla navigazione di un sito web.

Principio di scarsità: la storia dell'iPhone bianco

Prendiamo un esempio anche se non troppo recente. Quando la Apple mise in commercio l'iPhone 4 bianco, uscì con una campagna pubblicitaria dove l'immagine era quella di due smartphone affiancati: uno bianco e uno nero. Lo slogan era «iPhone 4. Mai visto così». Tre parole ovviamente non scelte a caso.

- *Mai* – Questo avverbio è un quantificatore universale: generalizza e non lascia spazio a repliche. Il «mai» coinvolge e rassicura sia gli esperti (se non mi è mai capitato in passato di vedere un iPhone così, vuol dire che questa è una novità, e dunque mi interessa) sia i non esperti (sono ancora in tempo ad allinearmi perché nessuno l'ha mai visto prima così: mi affretto a interessarmene).
- *Visto* – Verbo che parla prevalentemente ai visivi, ovvero a coloro che sono maggiormente influenzati da colori, forme, immagini, slides, paesaggi ecc. In questo caso il messaggio è doppio. La novità è qualcosa di visivo-estetico (il colore) e non di tecnologico. Che il display in primo piano, con tutte le iconcine delle applicazioni, sollecita principalmente il canale visivo.

- *Così* – Avverbio non specifico. Dice una cosa oggettiva, non smentibile, che va bene per tutti (in Programmazione neurolinguistica (PNL) si parla di «truismo», dall'inglese *true*, vero).

Passiamo alla scelta del bianco dopo il nero. La novità del prodotto era la versione di colore bianco. In precedenza, quando sul mercato era sbarcato solo il modello nero, intorno all'iPhone 4 si era creato un certo fascino. Nero è il colore del mistero, della tecnologia nascosta. Ma anche dell'affidabilità, solidità, compattezza. Il modello nero soddisfaceva il nostro canale razionale, che non si concentrava sui colori ma sulle funzionalità e le applicazioni. A quel punto è stato lanciato il bianco. Tutto bianco. Più puro, più estivo, apparentemente più leggero. Il bianco racchiude tutti i colori, dà un'idea di trasparenza, tocca il nostro canale emotivo. La sequenza – prima nero e poi bianco – indica una precisa strategia: prima ti conquisto con la serietà, con la stabilità. Poi, se vuoi cambiare modello, ecco soddisfatta la parte estetica (ma non frivola, perché il bianco non è un arancione o un azzurro). Insomma, in sintesi, il nero e bianco circondano la nostra polarità. Sono i due estremi che completano la scelta, lo yin e lo yang. Tutti gli altri telefoni sono una via di mezzo. Piuttosto geniale, vero?

Quando l'eroe incarna l'impresa

Dopo aver scoperto i 6 principi della persuasione, ritorniamo alla nostra fase di vendita, dove i contenuti devono persuadere senza vendere direttamente. Sul Web esistono dei format digitali condivisi, strumenti e luoghi che il lettore accetta come deputati alla presentazione efficace di un prodotto. Per scrivere delle slide efficaci, una landing page, un'email di marketing o un documento di preventivo, dovrai riprendere la sequenza dello storytelling-eroe, applicandovi i principi stessi della persuasione. Ancora Andrea Fontana:

> Nel momento in cui si vuole fare un'operazione di storyselling bisogna chiedersi come mescolare sapientemente insieme gli elementi dello schema narrativo canonico (con un approccio semio-

tico) ricordandosi del viaggio che il protagonista dovrà compiere e dei pericoli che incontrerà (tipico della sceneggiatura).

- Chi è l'eroe-impresa che incarno e qual è l'eroe-cliente a cui mi rivolgo?
- Qual è la posta (tesoro) in gioco per l'eroe-cliente?
- Qual è la trasformazione (viaggio) che voglio raccontare di me (soggetto, impresa, prodotto)?
- Chi sono gli avversari o quali sono le avversità che l'eroe-cliente vive? Come ho risolto i problemi con i miei avversari e quindi che tipo di oggetti magici posso dare ai miei eroi-clienti?
- Qual è il grande trauma da superare per l'eroe-cliente?
- Qual è la paura e la pena conseguente se non si supera il trauma? O anche: quale grande trauma ha superato la mia azienda e il mio prodotto per diventare ciò che è diventato?
- Quali sono gli strumenti di potere e che relazione hanno con l'eroe? E cosa sto offrendo in termini di potere e di relazione?

La chiave definitiva – ricorda Fontana, perlomeno dal punto di vista simbolico – è ricordare che i prodotti incarnano quasi sempre la dimensione di oggetto magico, capace di salvare l'eroe nella sua difficile impresa! Mentre l'azienda, in quanto generatrice dei prodotti, è percepita sempre come aiutante dell'eroe. Per questo tieni a mente che la storia che racconterai – su te stesso e la tua impresa – deve parlare di un cambiamento che, da un lato, faccia identificare il tuo pubblico e, dall'altro, generi una trasformazione: ovvero, una chiamata all'azione.

Le basi di una presentazione efficace

Proviamo in concreto a fissare gli elementi di fondo di una presentazione efficace. L'idea è quella di imparare a organizzare gli elementi del tuo testo per presentare al meglio le proposte e convincere chi ti legge della bontà della tua iniziativa. Per scrivere in modalità «antinoia» devi credere al fatto che il tuo contenuto abbia in sé la capacità di cambiare le cose e di far muovere il lettore all'azione. Per prima cosa ritorniamo ai fondamentali della scrittura efficace (sempre quelli!), prendendo spunto da Cesare Sansavini, autore di *Parlare in pubblico*.

- Identifica il tuo obiettivo. Il tuo testo/slide deve dare informazioni? Deve convincere qualcuno a iscriversi? Deve ricevere un'approvazione di progetto?
- Esci dalla logica «più informazioni darò, maggiore sarà il livello di comprensione!». Il nostro cervello, lo avrai ormai capito, non funziona come un magazzino, come un archivio infinito. Seleziona e si incuriosisce davvero solo per alcuni temi in grado di smuovere emozioni. L'attenzione si cattura facendo percepire l'importanza della tua proposta. Per essere convincente, dovrai spiegare in modo comprensibile e ricordabile.
- Partiamo dal titolo. Se devi portare in riunione una proposta per rinnovare le fotocopiatrici, il titolo della tua presentazione dovrà essere più efficace di un «Vogliamo prevedere l'acquisto di nuove fotocopiatrici».
- Se la tua traccia prevede di illustrare soltanto le caratteristiche e le potenzialità di nuove fotocopiatrici, rischi di non essere convincente. È meglio infatti non trascurare i motivi che stanno dietro alla decisione. Qualcuno potrebbe chiedersi «Perché dobbiamo comprarne di nuove?» oppure «Tizio ha provato la marca Caio: vanno bene e sono più economiche».
- Il consenso va costruito partendo dal problema che le fotocopiatrici risolvono. Già nel titolo inizia a lavorare in tal senso. Puoi elaborarne uno del tipo «Risparmiare e ridurre i tempi di lavoro con nuove fotocopiatrici» oppure «Nuove fotocopiatrici: analisi di un'opportunità di miglioramento del lavoro e di riduzione dei costi». Molto meglio, no? Così siamo nel cosiddetto «cuore del beneficio».
- Dopo il titolo, il background. Quelle informazioni di base che magari non tutti conoscono. Un esempio? Nella fattispecie, cosa è stato discusso nelle riunioni precedenti sul tema, oppure dei dati statistici sul numero di fotocopiatrici esistenti.
- Il terzo step è quello del problema da risolvere, del bisogno che può diventare un'opportunità. La persuasione non parte dal prodotto, ma da un problema per cui il prodotto rappresenta una possibile soluzione. Fai capire che la tua analisi parte dal «cosa non va nelle attuali fotocopiatrici»: servirà ad anticipare e risolvere le obiezioni. Quanto costa attual-

mente la carta? E le spedizioni postali? Quanto sono lunghi i tempi di stampa?

- Il quarto passaggio è centrale: comunicare la tua proposta. Non attraverso un'arida sequenza di caratteristiche, o di anonimi vantaggi impersonali. Non sarà emozionante spiegare che «la nuova fotocopiatrice dispone del fronte-retro» (caratteristica) oppure che «così possiamo avere in un solo foglio due pagine» (vantaggio). Bisogna andare oltre e scrivere pensando ai benefici: «Grazie a questa particolarità, risparmieremo sia sulla carta (circa 2000 euro all'anno) sia sulle spedizioni postali (4000 euro)».
- La soluzione va poi avvalorata da un insieme di prove, evidenze, statistiche, ricerche di mercato. Potrai scrivere che, chiedendo un parere al responsabile acquisti di un'azienda che utilizza da un anno questo stesso modello di fotocopiatrici, hai scoperto che sono soddisfatti per una serie di motivi (che andrai a elencare, con tanto di numeri).
- La conclusione della tua presentazione è la sintesi molto breve di tutto ciò che hai argomentato. Ecco come la descrive Cesare Sansavini:
  - Ci siamo riuniti per esaminare una proposta per snellire i tempi e ridurre i costi con l'uso delle fotocopiatrici (titolo).
  - Abbiamo condiviso un problema di inadeguatezza delle attuali fotocopiatrici (problema).
  - Tra le varie alternative abbiamo visto come la fotocopiatrice Gamma sia la più rispondente alle nostre esigenze (proposta).
  - Infatti le caratteristiche della fotocopiatrice Gamma sono tali da permetterci una riduzione dei costi d'uso (benefici della proposta).
  - A conferma abbiamo esaminato l'esperienza della società Acme (prove).
  - Se siamo tutti d'accordo è il momento di passare al piano d'azione.

Il piano d'azione è molto importante! Cogli il momento decisionale e proponi un passo successivo: «Se siamo tutti d'accordo possiamo passare all'azione. Siete d'accordo se domani prendo contatto con il fornitore per ricevere un'offerta formale?».

È Gianluca Giansante, docente di Comunicazione politica online alla Luiss di Roma, a riassumere così gli step di una presentazione efficace:

- titolo;
- background;
- problema/bisogno;
- proposta/idea;
- prove oggettive;
- conclusioni;
- piano d'azione.

Email marketing: quanto può essere persuasiva una DEM?

Chiudiamo questo intenso (e utilissimo!) capitolo sulla scrittura persuasiva con un veloce accenno agli strumenti di email marketing per eccellenza: le email pubblicitarie focalizzate sulla vendita (Direct Email Marketing, DEM) e le email di taglio informativo (newsletter). Ha ancora senso parlarne nell'era di Facebook, Twitter e Linkedin? Sì, perché l'email continua a essere l'applicazione più diffusa anche su smartphone, tablet e cellulari. Nelle relazioni professionali (vendita e marketing, ma non solo) continuiamo abitualmente a lasciare l'indirizzo di posta elettronica come riferimento per essere contattati. Non certo il profilo Facebook o l'account Twitter. In certi casi neppure più il numero di telefono! E utilizziamola, dunque, questa email. Strumento amato e odiato, vista l'impressionante mole di comunicazioni che ci piombano ogni giorno nella casella di posta elettronica (senza contare lo spam!). Quanto tempo della nostra vita dedichiamo a leggere e gestire le email? Sempre troppo.

Senza ritornare ai temi del capitolo XIII, interamente dedicato alle email, mi permetto solo qualche breve riflessione in chiave di scrittura persuasiva. Come può essere migliorata un'email che ha un obiettivo promozionale? Come puoi strutturare una lettera di presentazione vincente, che vuole vendere qualcosa senza finire nello spam? Vediamo qualche passaggio chiave. Partendo dall'effetto Zeigarnik.

L'irresistibile spinta a completare i compiti «incompleti» è una caratteristica del nostro cervello: qualcosa di più della semplice curiosità. La psicologa lituana Bljuma Zeigarnik studiò il fenomeno partendo dalla psicologia della Gestalt. In sintesi, l'effetto Zeigarnik è la tendenza a ricordare i compiti o le azioni incompiute-interrotte con maggior facilità rispetto a quelle completate. Una caratteristica della nostra mente, questa, che può essere utilizzata anche come strumento di controllo e persuasione. Da parte nostra, sempre senza fini manipolatori. Pensa alla narrazione di un libro «giallo», dove tante parti vengono volutamente lasciate incomplete per solleticare l'impulso del lettore a completarle. E a tenere dunque viva l'attenzione e la curiosità su di esse! Stessa cosa dicasi per le storie a puntate o le telenovelas, che si interrompono sul più bello, suscitando un desiderio irresistibile di «vedere come va a finire».

Le trame incompiute possono essere uno strumento di narrazione in chiave marketing. Specialmente nell'oggetto-titolo della tua email promozionale. Stuzzicare senza risolvere spingerà il lettore ad aprire il corpo dell'email e a leggere almeno le prime righe. Ecco tre esempi di oggetto:

- Questo seminario farà triplicare le tue vendite.
- Questo corso dovrebbe essere illegale.
- Strettamente riservato a chi…

Come vedi, nel primo caso sorge subito una domanda: «Quale seminario?». E quindi sarai spinto a saperne di più. Nel secondo esempio c'è un effetto-mistero che ci attira: «Quale corso? Cosa ci sarà sotto? Perché questo corso è così potente al punto da essere ritenuto *illegale*?». Nel terzo caso scatta il senso di esclusività, ma sempre con la logica dell'incompletezza da completare: «Cosa deve fare una persona per rientrare nel ristretto gruppo di coloro a cui qualcosa è riservato?».

Ti elenco ancora qualche oggetto di email che ho ricevuto nel corso degli anni. Molti sono esagerati: per questo li utilizzo soltanto come esempi in aula, con i miei allievi dei corsi di scrittura efficace:

- Questo ti farà guadagnare 1000 euro in 7 giorni senza anticipare nulla.
- Ho sorriso a lungo dopo aver letto questo.
- Anche tu continui a fare questo errore nel salutare in inglese?

Niente da dire: una loro dose di irresistibilità ce l'hanno. Il tuo compito è quello di trovare una chiave nell'ambito della tua professione per creare dei titoli a effetto, ma comunque sensati (e con un certo stile). Pensa sempre a un problema da risolvere a beneficio del tuo pubblico.

E ora tocca a te!

Allenati con una presentazione in slide, con una lettera di vendita, un'email di marketing, una landing page che promuove un tuo prodotto o servizio. Riprendi la sequenza dello storytelling, dove l'eroe deve cogliere una sfida e agire per migliorare la situazione attuale. Aggiungi gli strumenti e i trucchi del mestiere che abbiamo visto insieme, pensando ai 6 principi della persuasione, che potrai utilizzare per evidenziare alcune caratteristiche del tuo messaggio. Se hai deciso che il tuo cliente riveste il ruolo di protagonista, allora questa può essere la traccia da seguire: buon lavoro!

- Il cliente diventa l'eroe.
- Definisci l'obiettivo del tuo target (desiderio).
- Evidenzia i problemi del tuo pubblico (avversari da sconfiggere esterni e interni, implicazioni).
- Fai entrare nella storia qualcuno che ci è già riuscito, e spiegane la strategia di azione.
- Introduci l'idea che tu e la tua impresa siete la soluzione per risolvere il problema del target (case history).
- Dalle caratteristiche estrai i vantaggi generici e i benefici specifici per il tuo cliente.
- Rafforza il tutto con una serie di prove (dati, referenze, lavori fatti, problemi risolti, equilibrio quotidianità).

- Fai una domanda di chiusura («Ti piacerebbe vivere questi benefici?», «Questa storia?»).
- Presenta la tua soluzione (tempi, costi, modalità).
- Motivazione («beneficio-piacere» e «implicazione-dolore»).
- Call to action…!

XVI

(D) Ufficio stampa 2.0: azioni per comunicare

«Se il Web ha creato un nuovo giornalismo,
un nuovo genere di media e una nuova "razza" di giornalisti,
è inevitabile che anche l'attività di ufficio stampa
cambi profondamente e velocemente.»

Daniele Chieffi

«Ah ma sei tu "Torino Storytelling"? Finalmente ci conosciamo!» Era bastato aprire un account Twitter collegato a Instagram per iniziare a suscitare la curiosità di giornalisti e addetti ai lavori. Solo tre settimane prima avevo dato il via, abbastanza in sordina, al mio progetto di social magazine su Torino. Mi ero trasferito in città da un paio di mesi e cercavo di riprendere i contatti con blogger, colleghi giornalisti e addetti stampa. All'inizio di ottobre 2012 avevo partecipato – come prima «uscita pubblica» di «Torino Storytelling» – all'evento di presentazione di una onlus, di cui Luca Argentero era vicepresidente e testimonial. Su Twitter avevo cominciato a pubblicare le prime immagini, compreso un breve post sul blog Scrittura Vincente! Questo approccio giornalistico 2.0 aveva evidentemente destato l'attenzione, grazie anche a un panorama mediatico cittadino un po' fermo e paludato. A distanza di un mese, continuando la mia attività quotidiana di produzione di contenuti su Twitter, Instagram e blog (a cui si era unita nel frattempo la pagina Facebook), avevo allacciato contatti con un bel po' di operatori del settore. Quando fui invitato a un nuovo evento, organizzato questa volta da una delle gelaterie storiche e più prestigiose di Torino, mi accorsi che il mio nuovo brand si era conquistato una piccola ma importante fetta di popolarità.

Il passo successivo fu l'intervista che un periodico cartaceo torinese mi dedicò nell'ambito di un servizio sul tema «Instagram», la nuova applicazione che in quei mesi stava conoscendo un successo dirompente. «Torino Storytelling» (e il suo fondatore) uscì sulle pagine patinate della rivista «Torino Magazine» insieme a Nicola «Nic» Pasianot, responsabile della comunità cittadina di Instagramers. Furono pubblicate diverse foto, insieme alla mia storia di blogger e storyteller e ad altre considerazioni sui nuovi strumenti digitali. Il profilo Twitter iniziò quindi a macinare follower con crescita esponenziale, anche grazie all'attenzione che dedicavo all'aspetto iconografico. Ogni mattina presto, infatti, tra le sette e tre quarti e le nove – dopo aver accompagnato mia figlia a scuola in pieno centro storico – mi godevo per circa un'oretta la città, camminando tra la storia e i monumenti, ma anche tra persone che sfrecciavano per andare al lavoro, studenti incerti nelle loro andature e mezzi pubblici (i famosi tram di «Torino Storytelling») che facevano da sfondo e davano un tocco sabaudo a tutto l'immaginario narrativo. La strada era tracciata, il canale iniziava a portare con sé contenuti e consensi. Di fatto, anche senza essere una testata giornalistica registrata, avevo occupato una nicchia che mi restituiva l'autorevolezza di strumento 2.0 all'altezza degli eventi, dei personaggi locali e di quel sapore di backstage che aveva contraddistinto l'operazione fin dai primi passi. Dietro all'idea, c'erano i lampi di creatività e di strategia mediatica di Francesca Quaratino, amica di lunga data e CEO dell'agenzia Manafactory di Roma, con cui oggi collaboro attivamente. Dopo un po' di mesi arrivò infatti anche la «cuginetta» «Roma Storytelling»... Ma come direbbe Carlo Lucarelli «Questa è un'altra storia...».

Perché un'azienda deve pensare «giornalistico»

Allarghiamo per un attimo lo zoom, anche se poi torneremo allo storytelling torinese. È probabile che tu abbia iniziato a chiederti: ma cosa c'entra questo con il mio lavoro, la mia azienda, il mio studio professionale? Sappi che quello dell'era digitale è un ufficio stampa un po' diverso da quello che si conosceva fino agli anni Novanta, quando i comunicati stampa venivano ancora inviati via fax. Oggi la visione giornalistica all'interno della tua organizzazione aiuta a misurare il grado di relazione tra attualità e impresa, grazie a un canale d'ascolto interattivo con i mezzi di informazione e la Rete in generale. Le strategie, in questo ambito, serviranno da un lato a produrre contenuti di interesse per i media e per il pubblico (così come per il posizionamento nei motori di ricerca) e dall'altro a monitorare con metodo le notizie di interesse per costruire la tua autorevolezza.

Per un'azienda, sviluppare
una visione e una sensibilità giornalistica
dà concretezza ed efficacia
a qualsiasi contenuto di marketing.

In sintesi, l'ufficio stampa 2.0 può affiancare l'azienda sia nella quotidianità sia al momento di organizzare o partecipare a un evento: comunicati e cartelle stampa, immagini, video e interviste che fanno da corredo alla notizia. Ma anche contenuti più strutturati come gli ebook, gli storify, i *case studies* e i white paper. I giornalisti oggi potranno seguire lo storytelling del tuo evento su Twitter e Facebook, e in contemporanea su Instagram e Tagboard. Senza dimenticarci lo storify finale (documento narrativo di grande interesse e utilità, generato dal basso e condiviso in maniera virale da ogni partecipante alla creazione). I blogger e i relativi blog tour rappresentano infatti una nuova generazione di comunicatori dalla «coda lunga». Quella che consente ai brand personali, ai prodotti di nicchia e alle piccole e medie imprese di ricavare profitto anche nel lungo periodo.

Come strutturare un ufficio stampa 2.0

Chi sono gli attori in campo? E i motivi per cui organizzarsi al proprio interno? Come hai imparato nei capitoli precedenti, inizia a individuare i benefici che stanno dietro a questa scelta. Ricordati che finora hai strutturato la tua comunicazione con un hub (sito web) che è il centro di raccolta dei tuoi contenuti. Hai poi creato una rete di social magazine (blog, Facebook, Twitter e Instagram) per informare e relazionarti. Una struttura social che ora ti tornerà utile. Più avanti hai capito come utilizzare lo storytelling a fini promozionali, tenendo d'occhio i 6 principi della persuasione. Ora puoi mettere a frutto tutto ciò che hai seminato, indirizzando le tue «armi mediatiche» per:

- rimanere aggiornato sui trend di interesse per il tuo pubblico;
- acquisire fonti per nuovi contenuti;
- aumentare il livello di relazioni online, compresi blogger e giornalisti;
- far crescere l'autorevolezza di esperto del settore.

Partiamo dall'ascolto. In azienda è fortemente utile che qualcuno si dedichi al monitoraggio della Rete: non soltanto in chiave social, ma con un occhio giornalistico che sappia valorizzare ciò che potrebbe tirare acqua al tuo mulino. Esempio. Immaginiamo che tu sia a capo di una struttura turistica cittadina (un residence o un albergo): venire a conoscenza della notizia che il Comune sta per inaugurare una nuova pista ciclabile in grado di collegare la zona del tuo hotel al centro storico può essere utile per rinfrescare la narrazione della tua impresa. Non credi che il tuo pubblico possa beneficiare di questa novità? Anzi: non pensi che in ultima battuta, se i tuoi ospiti saranno soddisfatti di arrivare alle vie dello shopping cittadino in bicicletta (e in pochi minuti), sia tu stesso il vero beneficiario di questa informazione?

Ho trovato avvilente scoprire che molti miei clienti – titolari o manager di PMI, grandi aziende, enti pubblici – non leggono i giornali, non sono aggiornati sulle notizie cittadine, sfogliano i magazine online con superficialità e inefficacia. Perché devo essere io, consulente esterno, a portare un dirigente o un professionista a conoscenza di fatti e informazioni che possono funzionare da volano per comunicati stampa, newsletter, interviste e storify? Perché non sviluppare all'interno dell'organizzazione stessa quella sensibilità giornalistica che aiuta a mantenere le antenne dritte su ciò che accade nel mio settore di riferimento? «Ascoltare» la Rete vuol dire costruire una mappa virtuale, un territorio da esplorare quotidianamente. Significa avere qualcuno che ogni giorno dedica qualche ora a:

- ricercare su Google News notizie di testate online (italiane e straniere) selezionate per parole chiave e alert;
- visionare su YouTube video e tutorial di pertinenza aziendale;
- scovare e commentare post su Facebook in base agli hashtag;
- aggiungere ai preferiti post di Twitter ricavati dalle liste tematiche (e dagli hashtag);
- archiviare immagini da Instagram;
- navigare la piattaforma di Storify in cerca di storie e spunti narrativi.

Ecco il mio metodo. Su un foglio Excel organizzo tutto questo materiale (titolo, *abstract*, autore se rilevante, URL, note) in base a:

1. reputazione personale (notizie che parlano di me);
2. concorrenti;
3. parole chiave e hashtag di settore;
4. eventi (di settore o correlati alla mia professione);
5. influencer, giornalisti e personaggi esperti o che hanno scritto o rilasciato interviste su argomenti di interesse.

Informazioni, queste, che mi consentono di tracciare quella che poco fa definivo «mappa» o «territorio virtuale». È il mio database utile a passare alla fase successiva: quella della produzione di contenuti di comunicazione.

Eventi e non solo: lo strumento blog tour

In occasione di momenti particolari (convention, open day, eventi promozionali) ho elaborato strategie per comunicare un'azienda o un territorio non solo attraverso i social network, ma anche con i blog tour, nuovi strumenti che trasformano l'antico ufficio stampa in un potentissimo format 2.0. Da qui sono nate collaborazioni con realtà come Italia Blog Tour e *Turismo Torino e Provincia*, e blog tour estremamente efficaci come #BiellaStoria o #LaMiaTorino.

I blog tour sono attività organizzate per promuovere – attraverso i social network – un territorio o un particolare tipo di azienda. Si tratta di uno strumento molto potente che rappresenta la nuova frontiera del marketing territoriale e del turismo 2.0. Di fatto, è un evento della durata dagli uno ai tre giorni in cui un gruppo di blogger viene invitato in una località (ma anche nel contesto produttivo di un'azienda, o all'interno di un evento già organizzato, come potrebbe essere il Carnevale di Ivrea) per conoscere una destinazione e la sua offerta. Che differenza c'è – potresti pensare – con le classiche attività di ufficio stampa, dove i giornalisti di settore vengono invitati alla presentazione di un evento o di un prodotto? Il vantaggio nel coinvolgere un gruppo di blogger (dotati di smartphone e connessione internet) è legato alle tempistiche e alle modalità di racconto dell'esperienza aziendale o territoriale. Nel momento stesso in cui li vive, un blogger sarà in grado, attraverso i suoi profili social, di far conoscere al proprio pubblico le attività in corso e i posti che sta visitando. Una community qualificata di migliaia di utenti profilati, composta da iscritti al blog, fan di Facebook e follower di Twitter e Instagram. Un blogger non dipende da nessuna redazione e può già scrivere il suo reportage nei giorni stessi del blog tour. Si tratta di una forma di comunicazione di massa molto più immediata e diretta rispetto al classico articolo stampato. Inoltre, nel caso di un blog su Internet, le notizie, i video, le foto e tutte le informazioni raccolte e divulgate saranno a disposizione in maniera permanente, e si potranno «sfogliare e leggere» più di una volta. Capirai bene, quindi, che la potenza di un blog tour permette di raggiungere fasce di utenza eterogenee, già motivate a conoscere una località o una specifica attività produttiva, grazie alle potenzialità dei nuovi e capillari canali di comunicazione. È giusto, infine, ricordare che i blogger, selezionati in Rete per la loro autorevolezza, esprimono opinioni originali: recensioni che accrescono la reputazione del tuo brand e la sua diffusione qualificata.

L'esperienza maturata da un ufficio stampa 2.0 non è solo giornalistica, ma è abbinata a strategie di marketing e comunicazione. Ecco i diversi step organizzativi che possono portare benefici concreti nella promozione di un territorio, di un'azienda o di una serie di prodotti:

- Definizione degli obiettivi e delle motivazioni che stanno alla base dell'organizzazione del blog tour.
- Individuazione del pubblico specifico, per scegliere i blogger che parlano a questo target.
- Eventuale integrazione con un più ampio progetto di promozione del territorio.
- Costituzione dei team blogger e definizione della logistica degli ospiti.
- Coinvolgimento degli operatori locali, attraverso una presentazione del progetto.
- Pianificazione degli itinerari e delle attività subordinate all'evento principale.
- Diffusione del blog tour via Web, attraverso una specifica copertura sui social network.
- Gestione dell'ufficio stampa 2.0 per la copertura mediatica prima, durante e dopo l'evento.
- Reportistica delle attività in base a indicatori concordati.
- Incontri formativi in chiave marketing, per condividere con operatori e addetti del settore gli strumenti organizzativi e di comunicazione di un blog tour.

Al momento di convocare i blogger, potrai inviare loro un programma di massima dell'evento.

Case history: il blog tour #gioiadarte

Ecco i contenuti che mi sono stati inviati via email dall'ufficio stampa del blogger day #gioiadarte. Dopo il biglietto di invito e il programma, troverai un'efficace reportistica prodotta dallo stesso ufficio stampa a distanza di quindici giorni. Per essere stata la prima edizione, l'evento ha prodotto numeri molto interessanti (a costi decisamente contenuti).

Biglietto di invito (in formato «flyer»)

Pinacoteca Giovanni e Marella Agnelli
#gioiadarte
Blogger Day
Sabato 15 giugno 2013 ore 10-18

L'iscrizione è gratuita per blogger + 1 ospite.
Per motivi organizzativi, i posti sono limitati ed è necessario confermare entro il 13/06/2013.
Tel. 011 00 62 615 – Email: info@pinacoteca-agnelli.it

Presentazione e programma

Pinacoteca Giovanni e Marella Agnelli
#gioiadarte
Blogger Day
Sabato 15 giugno 2013 ore 10-18

La Pinacoteca Giovanni e Marella Agnelli organizza per la prima volta un appuntamento dedicato ai blogger italiani per conoscere la collezione d'arte della Pinacoteca Agnelli, scoprire e fotografare la mostra temporanea *Una passione per Jean Prouvé. Dal mobile alla casa. La collezione di Laurence e Patrick Seguin*, passeggiare sulla storica pista del Lingotto, scoprire l'architettura di Renzo Piano visitando NH Lingotto Hotel e 8 Gallery.

#gioiadarte è l'hashtag del blogger day.

Twitta, posta, fotografa e tagga per trasmettere quello che stai vivendo e per raccontare cosa significa per te la meraviglia e la gioia di ammirare l'arte. Vivi questa giornata scegliendo tra le proposte in programma e descrivi le emozioni di questa esperienza, realizzata esclusivamente per te!

Programma

Accoglienza e accredito: dalle ore 10 alle 16.30 in Pinacoteca Agnelli

Visite guidate e attività creative:

- dalle ore 11.30 alle 12.10 visita guidata alla Pinacoteca del Lingotto e allo Scrigno;
- dalle ore 12.30 alle 13.10 visita guidata «Maison Métropole e l'architettura di Jean Prouvé», alla mostra temporanea *Una passione per Jean Prouvé. Dal mobile alla casa. La collezione di Laurence e Patrick Seguin*;
- dalle ore 15 alle 16.10 visita guidata «I mobili di Jean Prouvé», alla mostra temporanea *Una passione per Jean Prouvé. Dal mobile alla casa. La collezione di Laurence e Patrick Seguin*;
- dalle ore 16.30 alle 17.30 workshop creativo «Designer per un giorno»;

Come arrivare

Indirizzo: xxxx
Per chi arriva dalle autostrade: xxxx
Per chi arriva con il treno e i mezzi pubblici: xxxx
Parcheggio: xxxx

Partecipare

L'iscrizione è gratuita per blogger + 1 ospite
Per motivi organizzativi, i posti sono limitati ed è necessario confermare entro il 13/06/2013.

Info

Tel. 011 00 62 615
info@pinacoteca-agnelli.it
www.pinacoteca-agnelli.it

@PinAgnelli
@OliveroEle
@MartaBarcaro

Partner

Sponsor 1
Sponsor 2
Sponsor 3

Sponsor 4
Ecc.

Pranzo

Dalle 12.30 alle 14.30 pranzo a buffet presso NH Lingotto Hotel.

Area relax

Dalle ore 12 alle ore 18, presso la sala di consultazione della Pinacoteca Agnelli, potrai leggere un libro, usare il tablet e i pc, ricaricare i tuoi dispositivi e rilassarti bevendo un caffè/tè.

Wi-fi

Puoi utilizzare tutte le reti wi-fi disponibili, inserendo le relative password in base agli ambienti in cui ti trovi.

Report sul blogger day #gioiadarte (a distanza di 15 giorni)

Report sul primo blogger day organizzato alla Pinacoteca Agnelli.
Sabato 15 giugno 2013 – ore 10-18 BLOGGER DAY #gioiadarte

La Pinacoteca Giovanni e Marella Agnelli ha organizzato per la prima volta un appuntamento dedicato ai blogger italiani per promuovere la collezione d'arte della Pinacoteca Agnelli, scoprire e fotografare la mostra temporanea *Una passione per Jean Prouvé. Dal mobile alla casa. La collezione di Laurence e Patrick Seguin*, passeggiare sulla storica pista del Lingotto, scoprire l'architettura di Renzo Piano visitando NH Lingotto Hotel e 8 Gallery. #gioiadarte è stato l'hashtag della giornata.

#gioiadarte è stato un successo grazie al coinvolgimento di blogger entusiasti di scoprire le attività proposte dalla Pinacoteca e dai partner. Su Pinterest si può vedere l'album di fotografie scattate durante la giornata, mentre su Storify si può leggere un resoconto della Pinacoteca. I blogger hanno scritto post e pubblicato cronistorie per raccontare #gioiadarte dal loro punto di vista.

(segue elenco post: titolo + nome blog + link all'articolo)

Statistiche

- 65 partecipanti
- Provenienze: Torino, Milano, Trento, Alessandria
- Ambiti: arte e musei, turismo, comunicazione, food, design, fashion
- Social network utilizzati: Twitter, Facebook, Instagram, Pinterest, Flickr, Storify, Tumblr
- 20 post pubblicati
- 150 fotografie scattate
- Interazioni durante #gioiadarte (ogni 30 minuti):
  - 20 persone che scrivono
  - 50 tweet
  - 20.000 profili raggiunti
  - 55.000 impression
- Interazioni dopo #gioiadarte (ogni 15 giorni):
  - 14 persone che scrivono
  - 30 tweet
  - 11.500 profili raggiunti
  - 23.000 impression

Come organizzare un blog tour: il caso #BiellaStoria

Ecco l'intervista da me realizzata nell'aprile 2013 agli organizzatori del blog tour #BiellaStoria.

Hanno prodotto un minisito dedicato e un trailer degno di un film di Dan Brown... Diabolici, creativi e pirotecnici: sono Gian e Lele, autori di #BiellaStoria. E sì, perché grazie a loro, da domani e fino a domenica 7 aprile, quindici blogger provenienti da tutta Italia approderanno a Biella alla scoperta delle bellezze naturalistiche, storiche e medievali del territorio. Attraverso il blog tour #BiellaStoria – organizzato da Sphimm's Trip (alias Gian Luca Sgaggero ed Emanuele Lattarulo) – parteciperemo a un fine settimana commentato in diretta a colpi di hashtag su Twitter, foto su Instagram, commenti su Facebook e blog personali. Un evento di grandi potenzialità promozionali, organizzato a costo zero (albergatori e ristoratori non hanno chiesto un centesimo in cambio dell'enorme visibilità sulla Rete) e di facile replicabilità. Gian e Lele, infatti, si sono ispirati al recente blog tour organizzato da *Turismo Torino* al Carnevale di Ivrea, evento al quale loro stessi avevano partecipato da turisti 2.0. In previsione di approfondire (con grande entusiasmo) l'argomento blog tour – proprio in virtù delle sue notevoli declinazioni comunicative – abbiamo intervistato gli organizzatori-autori di #BiellaStoria, che a ventiquattr'ore dalla partenza sono in vera e propria fibrillazione da show!

«Gian Luca e Lele, partiamo da questo strumento di comunicazione efficace denominato blog tour. Che cos'è e perché secondo voi è sempre più utilizzato?»

«La potenza del blog tour sta nel far vivere una determinata località, attraverso l'esperienza diretta, a persone che di viaggi sono appassionate e che quindi, in maniera autentica, possano coglierne gli aspetti sia positivi che negativi. Come blogger cerchiamo sempre di essere obiettivi nel racconto per non influenzare il lettore. Allo stesso modo esprimiamo le emozioni che un dato luogo o evento ha suscitato in noi: così chi legge potrà a sua volta essere ispirato a visitare lo stesso luogo. Il blog si fa quindi mezzo di promozione autentica che, grazie al contributo dei social network, oggi raggiunge un pubblico potenzialmente immenso.»

«Se un comunicatore volesse organizzarne uno, quali sono gli aspetti fondamentali che contraddistinguono un blog tour?»

«Una cara amica ci disse: "In Italia, l'importante è che ci sia da mangiare. Se non si è sazi, la visita sarà un'esperienza pessima...". Non la pensiamo esattamente così, anche se crediamo sia giusto che un buon blog tour possa fornire il giusto connubio di soddisfazioni, a livello visivo, intellettivo-culturale e gastronomico. È ovvio che ogni evento sarà caratterizzato dal contesto in cui viene organizzato, dall'impronta che gli si vuole dare e dal tema che si vuole toccare. Un tour a Vercelli per risaie sarà diverso da uno per musei, un tour a Ivrea per vivere il Carnevale sarà diverso da uno indirizzato alla scoperta delle ricchezze naturali che circondano la città. È fondamentale riuscire a far vivere ai partecipanti un'esperienza autentica che li porti a contatto diretto con i luoghi da scoprire. Per conoscerli e capire come mai la gente del luogo li ama tanto e quali sono i valori per cui vale la pena di visitarli.»

«Quali applicazioni e idee di marketing si possono sviluppare nel tempo, partendo da un evento centrale come un blog tour?»

«Ambito che ancora dobbiamo sondare e scoprire appieno, ma di certo le potenzialità del blog tour potrebbero essere illimitate. Più si scrive, più social network si coinvolgono e più sarà la gente che vedrà, leggerà e parlerà dell'oggetto in questione. Questo tipo di comunicazione trova ampi sviluppi in ambito turistico per promuovere località o singoli eventi, ma questo varia dal tipo di blog su cui si scrive. Noi parliamo da "travel blogger": ma un food blogger, un fashion blogger o un communication blogger potrebbe di certo trovare differenti ambiti di sviluppo.»

«Entriamo nel caso specifico. Siamo a poche ore dall'inizio del vostro primo blog tour da organizzatori. Come vivete l'attesa? Qual è lo stato d'animo che vi attraversa?»

«Euforia e trepidante attesa! Cercheremo di mimetizzarci tra i blogger, vivere la nostra città come visitatori esterni, per vedere e capire che effetto suscita agli occhi di chi non la conosce. Sphimm's Trip sarà così il nono blog invitato a #BiellaStoria.»

«Ricordiamo brevemente com'è nato #BiellaStoria. Quali sono stati finora gli step creativi e organizzativi?»

«#BiellaStoria è nato come un gioco, dopo l'esperienza fatta al Carnevale di Ivrea, che per noi è stata la prima nel campo blog tour. Tempo dopo, quando ci hanno chiesto se Biella fosse in provincia di Cuneo, abbiamo pensato che un blog tour biellese sarebbe stato l'ideale per far parlare un po' della città, solitamente sconosciuta a livello turistico. Non avendo esperienza (e muovendoci a budget zero) abbiamo cominciato a sondare le strutture alberghiere e di ristoro per vedere se fossero disposte a mettersi in gioco e contribuire – in cambio di visibilità e pubblicità – al nostro utopico progetto. I primi blogger interpellati erano entusiasti all'idea, ma ancora mancavano le basi, ovvero i letti e i pasti. A ripensarci, è incredibile: siamo partiti invitando gli ospiti senza sapere dove sistemarli… ☺ Eppure la risposta è stata positiva. Vuol dire che a Biella esiste ancora chi crede che si possa uscire dall'isolamento e che le nuove frontiere della comunicazione possono cambiare le cose e far molto in una realtà tanto chiusa e diffidente come quella biellese. Tutto il resto è stato un insieme di abilità organizzative e fortuna, quest'ultima legata ad alcuni eventi che ci vedranno protagonisti, ma che ignoravamo avrebbero avuto luogo in quei giorni. Mal che vada, ci saremo divertiti tutti assieme e avremo fatto sentire finalmente la voce di Biella!»

«Qual è stata finora la reazione della città di Biella?»

«Dopo un'iniziale freddezza, un po' tipica di questa zona, le persone hanno iniziato piano piano a capire. L'eco dei social network ci ha portati all'attenzione dei giornali e con un paio di articoli, su "La Stampa" e "Il Biellese", in molti hanno iniziato a conoscere #BiellaStoria. La risposta è stata forse un po' lenta, ma calda e ricca di complimenti, fattore che ci incoraggia e ci fa sperare bene. Ci sono stati proposti diversi appuntamenti per quelle giornate, molti dei quali abbiamo dovuto declinare per mancanza di tempo.»

«Con che criterio andrebbero scelti i blogger che partecipano a un blog tour?»

«Come prima esperienza abbiamo cercato di scegliere un po' in base alle conoscenze. Molti dei blog li leggevamo già e ci piaceva il modo di scrivere degli autori. È giusto però cercare un vario assortimento di elementi. Forse avremmo voluto più foodblogger, ma credo che andrà bene ugualmente! Siamo in maggioranza travel, anche se alcuni di noi hanno particolari affinità per la cucina. L'ideale è avere dei blogger che siano ispirati ed emozionati dalle sensazioni suscitate dai luoghi e dalle esperienze, più che dal contatto materiale con esse.»

«Potete rivelarci qualche aneddoto e/o curiosità accaduti nel backstage dei preparativi?»

«Anche quando tutto sembra pianificato, tieni sempre un salvagente... Dopo aver definito il programma, i partner e gli ospiti (e inviata a tutti una email di conferma definitiva), il giorno dopo un ristoratore ci comunica di non sapere se ci potrà ospitare... Il ristorante è stato chiuso per due settimane a causa di problemi tecnici e non si sa se riaprirà in tempo! Panico, iniziale disperazione poi fiducia nella buona riuscita delle cose... Contattiamo allora un'altra struttura e... il pranzo mancato si è rivelato un bene perché al suo posto abbiamo in programma una delle sorprese di #BiellaStoria! ☺»

«La prossima settimana ci rivedremo per fare un bilancio di #BiellaStoria. Cosa vi piacerebbe ottenere come risultato?»

«Un fiume di parole, notizie, coinvolgimenti sociali come a Biella non si è mai visto! Vogliamo davvero far sentire la voce dei biellesi e della nostra provincia: per questo abbiamo impostato il tutto in modo che possa essere interattivo e che i biellesi, tramite Twitter o Instagram, utilizzando l'hashtag #BiellaStoria, possano commentare e consigliare ai blogger – con messaggi e foto – come gustarsi al meglio Biella! Vogliamo sentire l'"urlo" di Biella, perché possa finalmente cominciare a uscire dal guscio... Speriamo non sia solo un'utopia...!»

Gli strumenti dell'ufficio stampa: il comunicato

È arrivata l'ora di promuovere il tuo nuovo servizio? Devi far sapere ai giornalisti la data e il programma del tuo prossimo evento? Tu o il tuo capo siete intervenuti a un convegno? La tua azienda ha ricevuto un premio? Stai impostando il comunicato da inviare alla stampa e non sei troppo sicuro di come strutturarlo? Sull'argomento «Comunicato stampa» ci sarebbe da scrivere un libro intero! È vero che aziende e consumatori, così come amministrazioni e cittadini, oggi possono parlarsi direttamente bypassando i giornalisti. Ma blogger e giornalisti stessi restano sempre un target privilegiato, vista la grande diffusione della Rete e dei mezzi di informazione.

Mi limiterò, per ora, a riassumerti alcune delle principali indicazioni.

- Con la diffusione dell'email, il comunicato deve adattarsi ai nuovi canoni di una comunicazione sempre più libera e orizzontale. Oltre a mandarlo alle redazioni dei vari media, il comunicato stampa va segnalato sul tuo blog, inserito nel sito aziendale, mandato alla tua mailing list, condiviso in Rete attraverso i social network, inviato ai blogger influenti. Lo stile può essere dunque più diretto e meno tradizionale: rivolgiti direttamente all'interlocutore, con il suo linguaggio.

- Nelle redazioni, il destinatario deve essere un giornalista che si occupa degli argomenti di cui tratta il tuo comunicato. Per costruire una mailing list divisa per redazioni e temi di competenza, un tempo si contattavano i centralini delle redazioni o si consultava l'Agenda del Giornalista.
- Oggi puoi scoprire non solo dalle edizioni cartacee, ma anche da quelle online, gli articoli del tuo settore e compilare un elenco di chi ha firmato ogni singolo articolo. L'obiettivo è ricavare un indirizzo email o un profilo social del singolo giornalista (Twitter *in primis,* e poi Facebook e Linkedin). C'è chi invia comunicati stampa a raffica nel mucchio, sperando di ricevere feedback positivi. Ma spesso è fatica sprecata. Se non si ha la possibilità di conoscere e frequentare dal vivo la persona, allora puoi iniziare a diventare follower dell'influencer o del giornalista. È un processo più lento, ma il rapporto può essere costruito con maggiore solidità. Studiane i comportamenti, le abitudini, i gusti e le sensibilità personali. Poi inizia a interagire con commenti, rilanci dei suoi post, ringraziamenti per il materiale prodotto. Non appena scatta un minimo di interazione, menzionalo quando produci contenuti di qualità e di valore per lui.
- Non dimenticare che il comunicato deve avere un titolo e un sommario di 2-3 righe che introduce subito nel vivo del testo. Usa il linguaggio del Web: «Enel Green Power: nuova capacità eolica al Sud». Pensa ai motori di ricerca che ti indicizzeranno e usa le parole chiave più ricercate dagli utenti.
- Inserisci le notizie più importanti nelle prime righe. Di seguito, nella parte centrale, scrivi le notizie aggiuntive che ampliano il concetto base: in certi casi è utile per chi ti legge elencare le informazioni chiave in forma di elenco puntato. In chiusura non scordare i cosiddetti virgolettati: dichiarazioni già approvate di testimonial, manager, esperti, clienti. Per scrivere l'articolo, il giornalista si troverà un lavoro già mezzo fatto.

- Arricchisci il comunicato con tutte le informazioni e i materiali che possono incuriosire il giornalista. Lo motiverai a scrivere un pezzo, così come spingerai il consumatore ad approfondire il tuo prodotto o servizio. Allega una serie di link esteri, utili a contestualizzare la notizia: background, interviste, trend di mercato. Poi allega un set di fotografie (in bassa risoluzione per destinatari web, in alta per redazioni cartacee), uno o più file audio con dichiarazioni, interviste, opinioni di clienti e testimonial. Se hai prodotto grafici o infografiche, questi saranno ottimamente accolti dal tuo destinatario! Aggiungi poi il link a un video dimostrativo o a uno storify, meglio se indirizza al tuo canale YouTube. Non dimenticare tutti i riferimenti ai tuoi profili social, all'account Skype e, se si tratta di un evento, evidenzia in grande stile l'hashtag di riferimento correlato!
- In certi casi puoi anche allegare una presentazione della tua azienda (in PDF), che parta dai benefici per chi ti legge, che spieghi gli elementi della soluzione e che riassuma le informazioni principali attraverso un vero e proprio *company profile* (chi sono, cosa posso fare per te, quali altri clienti ho già soddisfatto, come contattarmi).
- Altri materiali scaricabili possono essere rassegne stampa relative ad articoli già usciti (graditissime!), comunicati correlati che giacevano in archivio. E se proprio vuoi fare un regalo «natalizio», il giornalista-blogger ti sarà riconoscente se allegherai uno o più case studies. Qui potrai raccontare (meglio se sotto forma di storytelling) come hai realizzato quella specifica soluzione per quel singolo cliente che aveva un'esigenza esattamente simile a quella del pubblico a cui ti stai rivolgendo. Parti dunque da un problema e fai entrare in scena l'eroe che – con il suo prodotto o servizio – riconduce tutto a un lieto fine. Si tratta di un documento credibile e affidabile, breve (da 3 a 6 pagine). Rendilo scorrevole, non annoiare con numeri, grafici, aride cifre (che andranno sì inserite, ma in un contesto dal tono narrativo). Chi lo legge sa che non potrai barare, perché è un esempio reale, con tanto di nome del cliente, contesto, problema analizzato, risultato ottenuto!

Gli strumenti dell'ufficio stampa: lo storify

Fra gli strumenti operativi per il tuo ufficio stampa 2.0, lo storify è in grado di dare un senso al flusso di informazioni dei social media. Considera che all'inizio era più che altro appannaggio esclusivo dei big dell'informazione:

- «Washington Post»;
- «New York Times»;
- «Wall Street Journal»;
- Bbc;
- «Huffington Post»;
- Al Jazeera.

Storify – che letteralmente significa «raccontare storie» – dall'aprile 2011 si è aperto al pubblico con l'idea di aiutare giornalisti, scrittori, cittadini-reporter e utenti fruitori dell'informazione a raccogliere, organizzare, utilizzare e condividere le notizie su singoli eventi (che altrimenti sprofonderebbero nel *mare magnum* della Rete). Utilizzando questa piattaforma, potrai ricostruire in un mosaico i contenuti diffusi in forma pubblica su network come:

- Twitter;
- Flickr;
- Facebook;
- YouTube;
- altri siti.

Potrai anche aggiungere informazioni e incorporare il mosaico che ne risulta nei luoghi dove sei presente in Rete (siti, blog, profili social ecc.), condividendo questo prodotto editoriale sia in un formato «flusso verticale», sia formattato a slide. Dopo esserti registrato, diventi un autore e puoi iniziare a creare una storia. La schermata – divisa in due colonne – riporta sulla destra i media: Twitter, Facebook, YouTube, Flickr e Google, feed Rss. Una volta trovato quello che ti serve, lo si trascina facilmente sulla colonna di sinistra, con la possibilità di inserire del testo tra una finestra e l'altra. A mio giudizio,

Storify è utile laddove accada qualcosa che vale la pena di essere raccontato: in pratica, ti consente di raccogliere il meglio dei contenuti generati dagli utenti, combinandoli con un input giornalistico.

Storify unisce l'esigenza della comunicazione d'impresa allo stile giornalistico.

Consideralo uno strumento da affiancare alla tua attività di ufficio stampa, per raccontare un evento, un prodotto, ma anche un luogo o una sensazione. È ottimo secondo me non solo per la cronaca (movimenti sociali, breaking news, voci e sensazioni diffuse sul Web), ma anche per segnalare e far passare concetti e valori (è il caso del non profit, così come di business dove un singolo luogo o una singola persona sono al centro della comunicazione).

Gli strumenti dell'ufficio stampa: l'ebook o white paper

Si tende a chiamarlo ebook. In realtà oggi per ebook si intende un qualsiasi libro in formato digitale. Quello che io prediligo in quanto giornalista (e che mi consente di avere una fonte privilegiata per scrivere su un tema) è il cosiddetto libro bianco – dall'inglese *white paper* – un ebook di circa 10-30 pagine che approfondisce un prodotto o una soluzione, senza per questo essere una brochure o un manuale.

Essendo un documento di marketing, ha una funzione persuasiva e non è destinato solo ai giornalisti, ma in generale a un target selezionato e motivato. Che ha bisogno di informazioni raccolte sotto forma di dati oggettivi, fatti verificati, confronti tra posizioni. Senza traccia di slogan promozionali, ma con un tono focalizzato ai vantaggi.

Scrive Wikipedia:

> Con il termine libro bianco (dall'inglese *white paper*) si indica generalmente un documento ufficiale pubblicato da un governo o da un'organizzazione internazionale al fine di rendere ufficia-

le un rapporto, per esempio nel caso delle proposte avanzate dalla commissione europea riguardo all'azione dell'Unione Europea in un'area specifica.

Nel marketing la parola può indicare anche una pubblicazione scritta da un professionista esperto di una materia che offre informazioni di qualità e di interesse ad un pubblico selezionato di utenti.

I «libri bianchi» vengono per lo più utilizzati come strumento per promuovere un prodotto o una tecnologia mostrandone le caratteristiche chiave, i possibili utilizzi e i punti di forza. Rappresentano altresì uno strumento informativo che può favorire l'evoluzione del mercato di riferimento nel caso di rilascio di nuovi prodotti o nuove qualità.

Lo trovo formidabile sia da leggere che da scrivere! È un vero approfondimento da comunicatore d'impresa, che va però redatto con una particolare attenzione. Lo spiega come sempre molto bene Luisa Carrada, nel suo *Il mestiere di scrivere*:

> Anche le amministrazioni possono trarre molti vantaggi dai white paper: per informare meglio i giornalisti, sensibilizzare i cittadini, sostenere politiche difficili che esigono approfondimenti e coinvolgimento.
>
> [...] Il libro bianco non è rivolto ai tecnici che useranno il prodotto, ma a chi deve decidere se acquistarlo: manager, direttori generali e amministrativi, direttori marketing e IT. Sarà quindi focalizzato non sulle caratteristiche, ma sui vantaggi che il prodotto o la soluzione permetteranno di conseguire. Oppure può essere una ricerca che illumina un problema o una tendenza emergente, destinata quindi a far crescere la consapevolezza e la domanda.
>
> [...] Più elargisco buoni contenuti, meglio se in un'ottica non immediatamente interessata, più ottengo visibilità, attenzione, link.

Quindi, prosegue Luisa Carrada, può essere utile scrivere un white paper per:

- descrivere un prodotto/soluzione in modo esaustivo e dettagliato, sottolineandone l'unicità e i vantaggi;
- affermare autorevolezza e competenza nel proprio settore;
- attirare l'attenzione su un tema nuovo, che gli stessi clienti o cittadini conoscono poco;
- dimostrare che si conoscono a fondo i problemi del cliente;
- dare informazioni approfondite ai giornalisti specializzati;

- far conoscere meglio un tema, un prodotto, una soluzione alla forza vendita e ai neoassunti.

Il white paper è un documento difficile da ideare e poi scrivere, che esige spesso l'intervento di un professionista della comunicazione, capace di analizzare i problemi dall'esterno e di restituirli non con il linguaggio e dal punto di vista dell'organizzazione, ma con quelli dei suoi clienti.

Grazie a un lavoro di squadra, l'ufficio stampa 2.0 mette dunque insieme le informazioni ricavate dagli esperti del prodotto e la visione degli uomini del marketing. Con il mestiere giornalistico sarà più facile tradurre il linguaggio degli esperti in una lingua comprensibile a clienti e cittadini, fatta di periodi asciutti ed efficaci, interviste, cura editoriale e scelta dei canali di diffusione. L'equilibrio di queste componenti produrrà un documento di grande valore: informazione completa, efficacia comunicativa e vocabolario orientato all'utente.

Conclusioni e post scriptum

L'avresti mai detto? Steve Jobs – uno dei massimi strateghi nella storia del digitale – progettava le presentazioni usando carta e penna! Decine di fogli, matite e pennarelli colorati regnavano sulla sua scrivania. Come uno studente qualsiasi. Con le sue storie metteva in scena uno spettacolo ricco di eroi, antagonisti, conflitti e soluzioni: uno show stimolante, persuasivo, ammirato e condiviso da milioni di fan. Ma dietro le quinte, prima ancora di aprire una qualunque slide di Keynote, la sceneggiatura (o meglio, lo *storyboard*) nasceva in modalità totalmente analogica.

Carmine Gallo, nel suo libro *Essere Steve Jobs*, racconta la storiella del tovagliolino. Non è una leggenda giornalistica: molti dei più grandi progetti aziendali di successo sono stati abbozzati su un tovagliolino di carta. Durante un pranzo di lavoro, un aperitivo o una colazione particolarmente «creativa».

Richard Tait, l'ideatore di Cranium, un gioco di società diffuso negli Stati Uniti dalla fine degli anni Novanta, ha raccontato che durante un volo da New York a Seattle prese un tovagliolino e abbozzò un passatempo da tavolo che avrebbe dato a tutti la possibilità di distinguersi almeno in una categoria. Cranium diventò a breve un prodotto milionario: l'idea era così semplice da poter essere scritta su un tovagliolino di quelli distribuiti in aereo.

La storiografia del marketing è piena di racconti «da tovagliolino». Il mio messaggio per te è: quando scrivi, usa la sintesi e la semplicità. Vai in tempi brevi al cuore del messaggio che vuoi comunicare, altrimenti il tuo pubblico comincerà a sbadigliare.

Scrittori si diventa

In questo libro abbiamo visto insieme molte cose riguardo alla scrittura professionale. Abbiamo capito come i contenuti e la passione siano ritornati al centro della scena. Abbiamo esaminato i pilastri dello scrivere efficace, che passano anche attraverso una «rottamazione» del burocratese e dell'aziendalese. Insieme abbiamo capito come pianificare un testo in generale, come organizzarlo in anteprima per poi arrivare a scrivere una prima bozza.

Nella terza parte ti ho raccontato il metodo sviluppato in questi anni, e che espongo nei miei seminari: utile a presentarsi, informare, relazionarsi. Ma anche a promuovere, vendere e comunicare con i media. Ci siamo divertiti a scoprire alcuni trucchi persuasivi per scrivere sul tuo sito web, sul blog e sui profili Facebook, Twitter e Instagram. Un'attenzione particolare è stata dedicata allo strumento dell'email, vero banco di prova quotidiano della nostra capacità di scrittori efficaci.

Nell'usare questo testo come un manuale di linee guida, dedica particolare attenzione alla logica che sta dietro a tutte queste pagine. Parlo dell'importanza di sviluppare la capacità di creare una storia ogni qualvolta dovrai scrivere qualcosa per il tuo lavoro, per lo studio, per il tempo libero.

Ti dico questo perché, se da un lato è vero che nel tempo la scrittura migliora con la pratica e l'esercizio (e quindi bravi comunicatori, giornalisti, blogger, più che nascere si diventa!), dall'altro l'attitudine a progettare un testo è un meccanismo tutto sommato semplice e veloce da imparare. Dice Beppe Severgnini:

> *«Non c'è bisogno di puntare alle vette di Hemingway (anche se la sua semplicità, frutto di fatica, resta un modello). Basta saper scrivere un'email efficace, da cui possono dipendere tante cose (un incontro, un amore, un affare in più e un equivoco in meno).»*

Scrivere un testo usando lo storytelling significa non annoiare chi ti legge. Vuol dire smuovere emozioni e trasferire passioni. «Ma come si fa – si chiederà qualcuno di voi – a mettere in scena la scheda-prodotto di un rubinetto? Cosa c'è di passionale in un pezzo di nichel con finiture in cromo?» Basta guardare le pubblicità: lì dentro c'è tutto. Riassumo ciò che ci spiega Carmine Gallo:

- C'è lo slogan, la grande idea da comunicare. Breve, facile da ricordare, scritta in ordine soggetto - verbo - complemento oggetto. «Apple restringe l'iPod.» Oppure, tornando ai pezzi di nichel: «Coi nostri rubinetti l'acqua non si apre, non si chiude... ma si domina!» (spot Zucchetti, 1987).
- C'è la dichiarazione di entusiasmo. «Questo prodotto [società, iniziativa, funzione] mi fa impazzire perché...» Hai visto le presentazioni di Steve Jobs? Alcuni giornalisti hanno definito il suo entusiasmo «da capogiro».
- Ci sono i tre messaggi chiave, facili da memorizzare. Non più di tre, intorno ai quali, poi, sviluppare i dettagli. Se una tua singola email (o post, o presentazione) contiene più di tre messaggi chiave, spezzala e scrivine un'altra successivamente.
- Ci sono le metafore e le similitudini. Artifici retorici, secondo Aristotele, padre dell'oratoria. Le migliori campagne di marketing, pubblicità, pubbliche relazioni sono dense di metafore. Sempre Steve Jobs disse in un'intervista: «Il computer? È una bicicletta per le nostre menti!».
- Ci sono le dimostrazioni. Nella tua storia spiega come le cose funzionano: usa le prove pratiche, le descrizioni, come se il pubblico potesse vedere, immaginare, toccare, sperimentare, ascoltare, fiutare. E dunque, emozionarsi.
- Ci sono i testimonial. Chi lo ha già provato, chi ne parla bene e spiega perché a lui è utile, quali benefici ha portato a casa. Le storie di successo sono una componente fondamentale: ricordi il passaggio sulla riprova sociale quando parlavamo di persuasione? Se tutti lo vogliono, un motivo ci sarà!

To do list (i 7 punti per sviluppare una storia)

La differenza tra chi scrive in maniera efficace e chi non riesce a trasmettere alcunché con la propria scrittura risiede in parte nella trama. Se desideri comunicare le tue idee con carisma, energia e persuasione, avrai bisogno di creare una storia. Proviamo a riassumerne i passaggi principali, riprendendo anche qui spunto dalle strategie di Steve Jobs:

1. Progetta in analogico. Prima di accendere uno schermo, usa carta e penna.
2. Rispondi alla domanda più importante. Mettiti dalla parte del lettore e chiediti: «Perché questo testo dovrebbe interessarmi? Sta parlando di me sì o no?».
3. Condividi la tua passione. Sull'entusiasmo abbiamo parlato fin troppo!
4. Crea titoli in stile Twitter. Comporre slogan contribuirà a veicolare le tue idee in modo più persuasivo.
5. Traccia un percorso. Non solo la regola dei tre messaggi chiave: è la linea del tempo, quella che fa capire al lettore da dove si è partiti e verso dove si sta andando.
6. Porta in scena un antagonista. C'è sempre un nemico comune contro cui il pubblico possa schierarsi. È necessario per la sfida e la vittoria finale. Può essere in carne e ossa, ma anche astratto (un pregiudizio, un sentimento popolare, un fenomeno atmosferico ecc.).
7. Svela l'eroe vittorioso. È lui che incarna il lettore, oppure il prodotto, il servizio, l'idea vincente, il personaggio. Rispetto al passato – come in ogni favola, sceneggiatura hollywoodiana o storytelling politico – l'eroe porta un progresso, rompe lo status quo. Per usare un termine di moda, «rottama» ciò che non funzionava più, motivando le persone ad accogliere l'innovazione.

Post scriptum

Siamo alle battute finali, al sipario di chiusura. Come in ogni narrazione, nel mio ruolo di «atleta della scrittura» (grazie alla pratica di giornalista e formatore) non posso che ringraziarti di cuore per l'attenzione che hai dedicato a tutte queste pagine. Sarò felice se attraverso questo libro mi utilizzerai come un coach, come un allenatore che ti spinge alla pratica. O se deciderai di ospitare un mio seminario presso la tua organizzazione. L'obiettivo era proprio questo: in un mondo che cambia velocemente (Internet, social media, applicazioni, dispositivi digitali), da oggi puoi coltivare uno strumento che nessuno potrà più portarti via. La scrittura efficace. La scrittura per la tua professione. È analogica, economica e non inquina. Se usata bene, però!

Teniamoci in contatto, si dice in questi casi. Il miglior modo è, se non l'hai ancora fatto, registrarti sul sito www.libridaleader.it, nella sezione relativa a Scrittura Vincente: così facendo continuerai a ricevere i miei aggiornamenti e le mie risorse gratuite, oltre ad avere tutti i riferimenti relativi al mio blog, i profili social, la pagina Facebook di Scrittura Vincente. Ah, una cosa! Non fare poi che ti inibisci a scrivermi un'email (non preoccuparti, non starò lì a darti il voto...). Poche scuse: aspetto da te racconti, storie, testimonianze: anche scritte in maniera (non ancora) efficace.

Mi auguro anche di riuscire a incontrarti e conoscerti personalmente, magari durante un seminario dal vivo. Ogni tanto la scrittura deve riposare. E lasciare spazio a strette di mano, pettegolezzi, sorrisi, abbracci.

«Non si scrive perché si ha qualcosa da dire
ma perché si ha voglia di dire qualcosa.»

Emil Cioran

Bibliografia

AA.VV., *Social Media Marketing*, Hoepli, Milano 2011.

Aldamonte, M., *Trend per il 2013: Content is King, ancora*, in http://marketingblog.giorgiotave.it/trend-content-is-king.

Bandler, R., *Vivi la vita che desideri con la PNL*, Alessio Roberti Editore, Urgnano (BG) 2009.

Benvenuti, A. - Guglielmino, S., *ComBook*, Centro di Documentazione Giornalistica, Roma 2011.

Beria di Argentine, C., *Il futuro del Salento in una tazzina di caffè*, in «La Stampa», 27 marzo 2012.

Brusaw, C.T. - Alfred, G.J. - Oliu, W.E., *The Business Writer's Handbook*, St. Martin's Press, Gordonsville 1997.

Butow, E. - Bollwitt, R., *Fare business con i blog*, Hoepli, Milano 2011.

Calvino, I., *Il cavaliere inesistente*, Mondadori, Milano 1959.

—, *L'Antilingua*, in «Il Giorno», 3 febbraio 1965.

Carrada, L., *Scrittura professionale: dopo l'università, prima del lavoro*, in http://www.mestierediscrivere.com/uploads/files/universita_lavoro.pdf, 2007.

—, *Il mestiere di scrivere*, Apogeo, Milano 2008.

—, *Lavoro, dunque scrivo!*, Zanichelli, Bologna 2012.

Carrada, L. - Militello, G., *L'email per lavorare e vivere meglio in azienda*, in «Quaderni del MdS», http://www.mestierediscrivere.com/uploads/files/Email.pdf, 2005.

Caruso, E., *Farsi conoscere*, Tecniche Nuove, Milano 2011.

Centenaro, L. - Sorchiotti, T., *Personal Branding*, Hoepli, Milano 2010.

Cialdini, R., *Le armi della persuasione*, Giunti, Firenze 1995.

Cilardo, A., *Il radioso 2013 del content marketing*, in http://www.misurarelacomunicazione.it/2012/12/24/il-radioso-2013-del-content-marketing.

Conti, L., *Comunicare con Twitter*, Hoepli, Milano 2010.
—, *Fare business con Facebook*, Hoepli, Milano 2011.
—, *Lavoro e carriera con Linkedin*, Hoepli, Milano 2012.
Copersino, R., Germani, E., *Guida pratica del cittadino (Regione Abruzzo)*, in http://www.regione.abruzzo.it/xStampa/docs/pubblicazioni/2pagGialle.pdf, 2005.
Crippa, M., *Parlo, ergo sum!*, in http://www.mestierediscrivere.com/articolo/crippa, 2001.
De La Parra Paz, E., *PNL con i bambini*, Macro Edizioni, Cesena (FC) 2004.
Fioritto, A., *Manuale di stile. Strumenti per semplificare il linguaggio delle amministrazioni pubbliche*, in http://www.funzionepubblica.gov.it/media/277365/manuale_di_stile.pdf, 1997.
Fontana, A., *Manuale di storytelling*, Rizzoli Etas, Milano 2009.
—, *Story selling*, Etas Libri, Milano 2010.
Fontana, A. - Batini, F., *Storytelling kit*, Etas, Milano 2010.
Fortis, D., *Il plain language, quando le istituzioni si fanno capire* in http://www.mestierediscrivere.com/uploads/files/PlainLanguage.pdf, 2003.
—, *Il linguaggio amministrativo italiano*, in «Revista de Llengua i dret», n. 43, pp. 47-116, 2005.
Galasso, R. - Sciacca, P., *Capire gli altri con la PNL*, Franco Angeli, Milano 2010.
Gallo, C., *Essere Steve Jobs*, Sperling & Kupfer, Milano 2010.
Giansante, G., *La comunicazione politica online*, Carocci, Roma 2014.
Gitomer, J., *Il libretto verde della persuasione*, Sperling & Kupfer, Milano 2007.
Goleman, D., *Intelligenza ecologica*, Rizzoli, Milano 2009.
Grassi, A., *Vendita 3.0. La scienza di far comprare*, The Revenue Maker, 2013.
Guglielmi, M., *Scrivere semplice e farsi capire nel linguaggio aziendale*, in http://www.webhouseit.com/scrivere-semplice-e-farsi-capire-nel-linguaggio-aziendale.
Jobs, S., *The First iMac Introduction*, in https://www.youtube.com/watch?v=wwS5U_zwNXM, 1998.
Lucarelli, A., *Semplificare il linguaggio burocratico*, in http://www.maldura.unipd.it/buro/manuali/manuale_emilia.pdf, 2001.
Maier, C., *Buongiorno pigrizia*, Bompiani, Milano 2005.
Montanelli, I., *Soltanto un giornalista*, Rizzoli, Milano 2002.
Piccolo, F., *Scrivere è un tic*, Minimum Fax, Roma 2006.
Piemontese, M.E., *Capire e farsi capire: teorie e tecniche della scrittura controllata*, Tecnodid, Napoli 1996.
Polesel, R., *Promuoversi mediante Internet*, Franco Angeli, Milano 2012.

Pozzi, D., *Perché NON assumere un Social Media Expert*, in http://blog.tagliaerbe.com/2011/06/no-social-media-expert.html.
Re, R., *Leader di te stesso*, Mondadori, Milano 2004.
—, *Smettila di incasinarti*, Mondadori, Milano 2006.
Salmon, C., *Storytelling, la fabbrica delle idee*, Fazi Editore, Roma 2008.
Sansavini, C., *Parlare in pubblico. Farsi capire, farsi ascoltare, persuadere il gruppo*, Giunti Demetra, Firenze 2006.
Schillaci, F., *PNL e scrittura efficace*, Ed.It, Catania 2007.
Severgnini, B., *L'italiano. Lezioni semiserie*, BUR, Milano 2008.
Silvestrini, C., *Sbianchiamo il frasario*, in http://www.improntedigitali.net/index.php/news/social-media/138-sbianchiamo-il-frasario-alternative-alle-frasi-fatte-che-non-dovete-mai-piu-utilizzare-cap-1-aziendalese, 2013.
Veneziani, S., *Ufficio Stampa. Le regole e gli strumenti per comunicare con i media*, in «Il Sole 24 Ore», Milano 2009.
Vogler, C., *Il viaggio dell'eroe*, Dino Audino Editore, Roma 1999.
Weinschenk, S., *Neuro web design. L'inconscio ci guida nel web*, Apogeo, Milano 2010.
Whitmore, J., *Coaching*, Alessio Roberti, Urgnano (BG) 2011.

Ringraziamenti

Molte persone nel corso della vita mi sono state vicine e mi hanno – volontariamente o meno – incoraggiato. Spesso lo hanno fatto con grande affetto, e approfitto di questo libro per abbracciarle una per una. Senza il loro apporto la mia scrittura oggi non potrebbe essere così consapevole.

Il primo della lista è Roberto Re, vulcano di energie e competenze, caro amico da decenni e ideatore di questa collana: per sua iniziativa, il libro che hai tra le mani non è rimasto solo una visione o un pugno di fogli abbandonati in un cassetto. Il mio grazie di cuore va a lui, per avermi coinvolto nel progetto «I libri da leader», e ovviamente alla Mondadori, che ha creduto nell'idea di una scrittura efficace da divulgare, tema su cui c'è molto da lavorare tutti insieme.

Tornando alle origini, alcuni giornalisti – con la loro presenza e il loro sapere – hanno svolto per me il ruolo di maestri e guide. In questo mestiere è un vero privilegio e fa la differenza. Per la loro saggezza e per il tempo dedicatomi, sarò sempre grato a Massimo Gramellini, Gianni Minà, Enzo D'Orsi e Marco Ansaldo.

Altre persone, con cui ho avuto la fortuna di condividere la professione, sono state di grande aiuto per la loro capacità di confrontarsi sulla scrittura, sulle idee e sulla passione da infondere nelle cose che raccontiamo. Devo molto, in questo senso, a Marco Stefano Vitiello, Gianluca Stillavato, Gianluca Giansante, Vincenzo Mulè, Stefano Caschera, Rosario Neil Vizzini, Raffaele Cirullo, Mauro Scanu, Silvia Santoni, Roberto Filibeck, Alessandro Tittozzi, Giulio Mancini e Gabriele Manzo.

Allargando la visuale, andrebbero citate decine di autrici e autori di saggi, romanzi e racconti. Scrittori che hanno segnato una tacca emotiva nella mia preparazione, nella formazione di quell'attitudine utile a interpretare il mondo e a sviluppare poi il coraggio di narrarlo. Ne elencherò un piccolo pugno, pentendomi di trascurarne molti altri. Il mio è un «grazie di esistere», perché le loro pagine hanno interrotto per lunghi istanti le mie funzioni vitali, respiro compreso, accelerando il battito del cuore, strappandomi una risata e trasportandomi in quello che qualcuno chiama il «senza tempo». Grazie ovunque voi siate a Susanna Tamaro, Primo Levi, Osho, Oriana Fallaci, Beppe Severgnini, Tiziano Terzani, John Fante, Raymond Carver, Pearl Buck, Andrea De Carlo, Richard Brautigan e Igor Sibaldi.

Una citazione a parte va a Luisa Carrada che, con il suo lavoro di divulgazione e la passione per la scrittura professionale, ha sviluppato (prima in Italia!) una competenza che rischiava di rimanere ancorata nelle secche dei salotti accademici. Grazie anche agli autori del sito Scrittura.org per gli spunti fondamentali e gli esempi pratici tratti dalla loro valida attività di formazione.

Sul fronte della motivazione personale, voglio ringraziare gli amici di lunga data, professionisti che mi hanno aiutato – con il loro esempio – a immaginare e perseverare oltre gli ostacoli: persone speciali come Sergio Borra, Maurizio Petrini, Livio Sgarbi, Roberto Pesce. Un debito di fiducia ho anche nei confronti di giovani imprenditori e imprenditrici che hanno creduto (e continuano a credere) nel valore della scrittura professionale e nella comunicazione d'impresa: grazie a Nello Acampora, Alessio Zito, Simona Battistella e Francesca Quaratino. Quest'ultima, con la sua rassicurante Manafactory, ha convinto me (e decine di aziende) a mettere ordine nella comunicazione sul Web.

Un saluto e un abbraccio a ogni singolo lettore del mio blog e dei profili social, dove spesso rilanciamo i temi che hai ritrovato in questo libro. Un grazie poi a tutti gli organizzatori e allievi dei miei seminari sulla scrittura e lo storytelling che ho avuto il privilegio di avere in aula: è un genere di confronto dal vivo che arricchisce continuamente la mia personale valigia di attrezzi del mestiere.

In questo ultimo biennio «sabaudico», vissuto a Torino prima di ritornare a Roma, ho avuto il piacere di «incrociare le penne e i progetti» con un nutrito gruppo di appassionati dello storytelling, della comunicazione d'impresa e del travel blogging: ringrazio per il loro entusiasmo Massimo Benedetti, Patrizia Soffiati, Simonetta Pozzi, Stefania Burra, Silvia Badriotto, Alessio Giachin Ricca, Francesco Gavello, Gian Luca Sgaggero, Lele Lattarulo, Tiziana Allegra e Nicola «Nic» Pasianot, fondatore degli Instagramers torinesi. Senza di loro questo libro sarebbe stato povero di esempi, di aneddoti e di vita vissuta.

Nella cerchia più intima, ringrazio mio zio Riccardo Casalegno, perché la sua creatività di pubblicitario e il suo senso dell'umorismo mi hanno comunicato, negli anni della formazione adolescenziale, la voglia di far sorridere attraverso la scrittura e il linguaggio. Un grazie anche a Giacomo Monti che ha trasmesso a una parte di me la confidenza con l'oggetto-libro, inteso come antidoto all'omologazione del pensiero.

Ringrazio i miei instancabili genitori: senza i loro insegnamenti ed esempi non sarei diventato una persona curiosa, ottimista e attenta alle emozioni della vita. Grazie per avermi donato sostegno e amore incondizionato nei difficili momenti del bisogno. Mia madre Carla, per la sua capacità di trasformare in fiction anche una semplice notizia. Mio padre Ivo, dal quale ho ereditato la passione per l'attualità, politica e sportiva, e per la lettura quotidiana dei giornali. Nonché la capacità di fare il proprio mestiere con dignità.

Sarò sempre fortemente grato a mia sorella Valeria, per l'affetto fraterno e l'ammirazione reciproca. Anche lei come me impegnata a scrivere... giornate vincenti col sorriso!

Un abbraccio fiero e speciale alle mie tre figlie: Lucia, Carolina e Valentina. Il loro amore e la loro energia sono per me fonte di stabilità, orgoglio, senso della vita e sguardo sul futuro. Questo libro contiene la speranza che nei loro cuori non si prosciughi mai la volontà di comunicare con gioia, trasparenza e chiarezza di pensiero.

Un grazie immenso va infine a Letizia Riccio, moglie e compagna di fatiche e passioni, a cui questo libro è dedicato. Solo al fianco di una donna ricca di amore e comprensione si riescono a portare a termine progetti che paiono densi di mille difficoltà. Il suo sostegno quotidiano, il suo spirito critico e la sua visione giornalistica sono un'inesauribile fonte di consapevolezza. Un arcobaleno di emozioni e pensieri.